사진과 지도, 도면으로 본
용산기지의 역사 1
(1906~1945)

사진과 지도, 도면으로 본
용산기지의 역사 I (1906~1945)

초판 1쇄 인쇄 2019년 7월 20일
초판 1쇄 발행 2019년 7월 30일

저   자_신주백·김천수
발행인_윤관백
펴낸곳_ 도서출판 선인

영   업_김현주

등록_제5-77호(1998. 11. 4) / 주 소_서울시 마포구 마포동 324-1 곳마루B/D 1층
전화_02)718-6252/6257 / 팩스_02)718-6253 / E-mail_sunin72@chol.com

정가_28,000원
ISBN 979-11-6068-287-8 94900
ISBN 979-11-6068-286-1 (세트)

사진과 지도, 도면으로 본
용산기지의 역사 1
(1906~1945)

신주백 · 김천수

식민과 냉전의 압축 공간 용산병영/용산기지가 우리의 품으로 돌아온다. 1906년 이래 한 세기를 넘겨 돌아올 예정이다. 때 마침 70년 넘게 견고했던 한반도의 분단체제에 변화가 일어날 조짐까지 보이고 있다. 이제 용산병영/용산기지는 우리에게 과거가 아니라 미래를 대표하는 기회의 공간으로 한발씩 다가오고 있다.

'국가공원'으로 변신할 예정인 용산공원은 생태를 복원한 도심 속의 자연치유 공간을 추구한다. 공원화 과정에서 용산기지를 둘러싼 공간의 역사성과 장소성을 회복하여 이곳이 한반도 거주자의 역사치유 공간으로 거듭났으면 한다. 또한 대한민국 수도 서울의 도심 한복판에 있는 그 공간의 역사성과 장소성을 통해 '미래 한반도'의 모습을 상상하고 느낄 수 있게 감성을 충전하는 공간으로 변신했으면 한다. 진정한 역사치유와 회복은 역사 자료와 삶의 기록을 바탕으로 발휘할 수 있는 상상력과 감수성을 통해 지름길을 찾을 수 있다. 이 책을 기획한 이유이다.

京城及龍山全景

  일본군이 운영한 용산병영과 미군이 사용한 용산기지에 관한 사진은 여러 기회에 사람들에게 산발적으로 알려졌다. 우리는 한데 모은 사진에 도면과 지도를 맞물림으로써 독자 여러분이 용산병영/용산기지의 역사 속에서 공간의 전체 모습과 변화를 더 쉽게 이해할 수 있도록 하였다. 다만 사람의 삶과 문화를 충분히 드러내지 못한 아쉬움은 숨길 수 없다.

  제1권의 기획은 기본적으로 김천수 용산문화원 연구실장이 용산의 역사와 문화에 관심을 갖고 오래전부터 수집한 사진자료들이 있어 꿈꿀 수 있었다. 시간여행 김영준 대표도 많이 도와주었다. 용산문화원 박삼규 원장과 김민제 사무국장의 배려도 컸다. 무엇보다도 사진집의 발행은 한일사료주식회사 차상석 부회장의 전적인 후원이 있어 가능하였다.

  용산기지를 둘러싼 임시소통공간(용산공원 갤러리)과 버스투어로 자극받기 시작한 국민의 감수성에 더욱 생명력 있는 '상상의 날개'를 다는데 작은 보탬이 되었으면 한다.

2019. 3. 26.
신주백 씀.

5

1 오늘날처럼 교통 통신이 발달하지 않은 때 한강은 한반도의 남과 북 어디와도 연결하기 편리한 젖줄이었다. 사람과 물자가 오고가는 통로였으니 삼국시대의 한강 유역 쟁탈전처럼 한강을 둘러싼 다툼은 치열할 수밖에 없었다.

조선 왕조 때 한강과 여기에 인접한 한양 도성을 연결하는 길목에 있는 작은 항구 가운데 하나가 용산이었다. 용산은 경상도·강원도·충청도·경기도를 지나는 한강 상류와 함경도 원산 등지에서 오는 물자를 내리는 곳이었다. 용산은 넓고 평평한 땅이 있어 교통의 거점이자 물류의 집결지로서 기능하는데 어떤 강항(江港)보다 유리한 곳이었다. 그래서 조선왕조는 이곳에 군수 물자를 관리하는 군자감과 대동미를 보관하는 창고를 두었다. 임진왜란 때 왜군이 주둔하였고, 전란 이후 조선 정부가 훈련도감을 설치한 이유도 이러한 장점과 무관하지 않았다. 용산의 기능이 확대되자 조선 왕조는 용산 일대를 용산방(龍山坊)이란 행정구역으로 구획하였다. 그곳의 동쪽에 있는 둔지산(屯之山) 일대, 곧 오늘날 용산기지 일대를 둔지방이란 행정구역으로 관리하였다.

2 1876년 조선이 개항한 이후 용산에 한 차례 변모할 기회가 주어졌다. 1884년 외국인이 자유롭게 거주하며 활동할 수 있는 개시장(開市場)으로 지정된 것이다.

용산이 개시장으로 된 데는 일본 육군 장교의 현지 조사 보고가 결정적이었다. 그는 용산이 남대문에 이르기까지 대도평탄(大道平坦)하여 산언덕 하나 없고 마차의 왕래가 자유로우며, 강원도 방면에서 목재를 용산까지 옮기고, 다시 도성 안까지 우차(牛車)로 운반하기에 유리하다고 보았다. 또 용산강 일대가 평평한 밭이어서 외국인 거류지를 설치하기에도 유리할 뿐 아니라 강의 수심이 깊어 큰 선박의 왕래가 가능하다며 이곳을 추천하였다. 특히 일본은 임오군란(1882) 때 일본인이 죽거나 다친 경험이 있어 군대가 도성 안으로 가장 빠르게 이동할 수 있는 곳으로도 용산을 주목하였다.

문명화 바람이 불던 용산에 1900년 용산역이 설치되어 영업을 시작하고 한강철교가 완성되면서 새로운 변화의 전기가 마련되었다. 대한제국은 화폐를 만드는 전환국, 우편물과 전신 취급소, 발전소 등을 설치하였다. 오늘날 남대문로 5가에서 원효로 4가까지 연결하는 궤도전차도 개통하였다. 이에 따라 일본인 이주자가 늘어나며 그들이 주로 거주하는 '신용

산'이라는 공간이 형성되기 시작하였다.

3 1904년 일본은 러일전쟁을 일으키고 용산역에서 신의주까지 연결하는 철도를 서둘러 건설하였다. 용산이 동북아시아 세력 경쟁의 새로운 거점이 된 것이다.

이어 일본은 한반도 곳곳에 군사기지를 설치하기 시작하였다. 용산 일대도 300만평을 수용지로 지정한 일본은, 1906년부터 평당 30전을 보상가로 산정하고 건설을 강행하여 1913년 118만평 정도 규모의 병영을 완공하였다.

일본은 제1차 병영공사(1906~1913) 때 군사령부, 사단사령부, 보병 연대 본부, 기병·야전포병 중대, 병원, 창고, 병기지창, 군악대 그리고 병영에 주둔하는 군인과 그 가족이 머물 수 있는 건물을 신축하였다. 이어 1908년 10월 오늘날 남산 인근의 필동에 있던 한국주차군사령부를 용산병영으로 이전하였고, 12월에 성대한 합동 낙성식을 거행하였다. 이후에도 용산 위수감옥을 비롯해 사격장 등 기타 부속건물을 1913년 11월까지 건설하였다.

완성된 용산병영의 바깥에는 오늘날 노량진-한강철교-용산역-남영동-서울역으로 이어지는 철길과 1906년 병영을 건설하면서 조성한 오늘날의 한강로라는 큰 길이 있다. 또 다른 한 쪽의 경계를 따라서는 오늘날 반포대교-녹사평역-남산 제2,3호 터널로 이어지는 큰 길(녹사평대로)이 있다. 이로써 용산은 한강의 작은 항구에서 군사 도시로 변모하였다. 그 과정에서 기지의 안과 밖을 구분하는 경계는 오늘날 서울 시민의 일상까지도 규정함으로써 식민성을 내재화하는 기재로 작동하고 있다.

용산병영의 남과 북은 병영 건설 공사가 시작된 때부터 오늘날까지도 삼각지역에서 녹사평역 사이의 도로를 따라 구분되고 있다. 이곳을 둘로 구분하여 이해하면 넓은 기지의 공간적 특성을 더 쉽게 파악할 수 있다. 또한, 용산병영의 동과 서는 오늘날 국립중앙박물관에서 북동 방향의 용산고등학교가 있는 곳까지를 연결하는 도로가 1908년 완공되면서부터 구분되었다. 남과 북에 이어 동과 서까지 넷으로 공간을 구분하여 파악하면, 일본군과 미군이 이곳을 어떻게 운영했는지 쉽게 납득할 수 있어 기지의 역사성과 장소성을 풍부하게 이해하는데 도움이 된다. 요컨대 용산병영이란 공간은 2, 4, 6 또는 8개의 +역으로 구분지어 이해하면 훨씬 납득하기 쉽다. 이들 구역 가운데 일본군의 용산병영은 군사령부, 군사령관과 총

독의 관사가 위치해 있으며 용산역에 가까운 남서쪽이 중심이었다.

용산병영은 일본이 군사기지를 통해 기대했던 정치 군사적 의미를 구체화하고 극대화하는 지휘부가 있던 곳이었다. 용산병영은 일본군이 한반도에 영구히 주둔한다는 사실, 달리 말하면 일본이 대한제국을 영원히 독점 지배한다는 정치적 의지와 위력을 한국인에게 일상적으로 과시하는 전시공간이었다. 더 나아가 대륙침략을 위한 최전방의 안정된 전진기지였다.

4 일본 육군은 식민지 조선에 주둔한 부대를 본국의 부대와 1, 2년마다 교대하지 않고 항상 주둔할 수 있게 하는 계획이 있었다. 특히 러일전쟁에 패배한 러시아의 보복전을 염두에 두고 있던 일본군으로서는 1916년 러시아가 시베리아횡단철도를 완공한 이후의 정세를 대비해야만 하였다. 하지만 러일전쟁 직후부터 긴축을 해야 했던 일본 정부로서는 그 계획을 승인하기 어려웠다. 이에 육군대신이 내각의 조각에 참여하지 않는 등 저항하자, 일본 의회는 1915년 조선에 2개 사단이 상주할 수 있도록 승인하였다.

상주 부대를 설치하는 움직임은 1916년 4월 용산에서 제19사단을 편성하는 데서부터 시작되었다. 제19사단은 1919년 2월 편성을 끝마치고 함경북도 나남에 사령부를 두었다. 제19사단은 두만강을 따라 러시아와 동만주에 인접한 지역의 국경을 전담하였다. 용산에 사령부를 둔 제20사단의 편성은 1916년 4월 제40여단의 조직에서 시작되었다. 3·1운동의 와중인 1919년 4월 1일에 사단 사령부의 업무를 시작한 제20사단은 1921년 4월 편성이 완료되었다.

두 사단을 비롯해 한반도에 주둔하는 일본 육군은 '조선군'이라 불렸다. 조선군 사령부는 1918년 편성되어 용산에 있었다. 그곳에는 제20사단 소속의 보병 제39여단(평양) 산하 부대인 제78연대, 보병 제40여단(용산) 산하의 제79연대, 공병 제20대대, 기병 제28연대, 야포병 제26연대가 있었다. 1908년 당시와 비교할 때 일본은 보병 연대를 신설하여 인원을 크게 늘렸을 뿐만 아니라 기병 중대와 야포병 중대를 연대 규모로, 공병 중대를 대대 규모로 확장하였다. 이 가운데 보병 부대와 야포병 부대는 병영의 북서쪽에 주둔한데 비해, 기병 부대는 병영의 남동쪽으로 옮겨왔다. 주둔하는 병력이 늘어남에 따라 일본은 연병장과 사격장, 숙사, 상하수도 시설 등을 크게 늘리는 제2차 병영 공사를 할 수밖에 없었다.

제2차 병영 공사(1915~1922)는 1916년 12월 사단장 숙사의 완공을 시작으로 1922년 3월 매장지와 화장장을 설치하는 공사로 끝났다. 용산병영의 면적은 제1차 공사 때 1,179,800평보다 두 배 이상 확장된 2,744,900평이었다. 둔지산 자락에 거주하던 둔지미 마을 사람들이 1916년 오늘날 보광동 쪽으로 이주해야만 했던 이유도 이때의 확장 공사 때문이었다. 이후부터 1945년까지 용산병영 내부의 건축물과 공간 배치는 크게 바뀌지 않았다. 사격장이 확장되는 경우처럼 변화는 있었지만, 공간을 재배치할 만한 변화는 없었다.

1937년 일본이 중국 본토를 침략하고, 1941년 아시아태평양전쟁을 일으켰을 때, 용산병영은 조선인의 인력과 물자를 동원하는 지휘소였다. 그에 따른 업무가 폭주하자 일본은 1940년대 초 조선군 사령부 제2청사를 신축하였다. 제2청사 건물의 신축은 제2차 용산병영 공사 이후 이곳에서 가장 큰 변화였다. 용산병영의 기능이 총동원 지휘소 역할을 수행하는 공간으로 바뀌어 가는 흐름은, 1942년 12월 제20사단이 뉴기니아 방면으로 이동하면서 더욱 강화되었다.

그런데 전쟁 상황은 시간이 갈수록 일본에 불리해져 갔다. 일본의 대본영은 1945년 2월 '본토결전'을 선언하고 부대의 편제를 다시 짰다. 조선군도 작전부대로서 제17방면군과 군정부대로서 조선군관구로 개편하였다. 작전 대상도 소련군이 아니라 미군이었다. 일본은 한반도 주둔 일본군의 제1차 국방임무를 러일전쟁 이래 처음 바꾼 것이다. 대미(對美)작전의 지휘부인 방면군과 군관구 사령부는 용산병영에 있었다.

1945년 8월 15일 일본은 무조건 항복하였다. 38도선 이남의 일본군은 9월 9일 미군에게 정식으로 항복하였다. 주한미군은 이튿날까지 용산병영에서 일본군이 철수하도록 지시하였다. 용산기지를 차지한 미군은 그곳을 캠프서빙고(Camp Seobinggo)라 불렀다. 일제 강점기의 조선군 사령부 청사를 미군 보병 제7사단 사령부 청사로 사용한 경우처럼, 미군은 잠시 주둔한다는 생각을 갖고 있어 가급적 일본군의 시설을 개조하여 사용하였다. 용산기지의 안팎을 구분하는 경계도 바꾸지 않았다.

제1장

용산병영 공사 이전
(~1906)

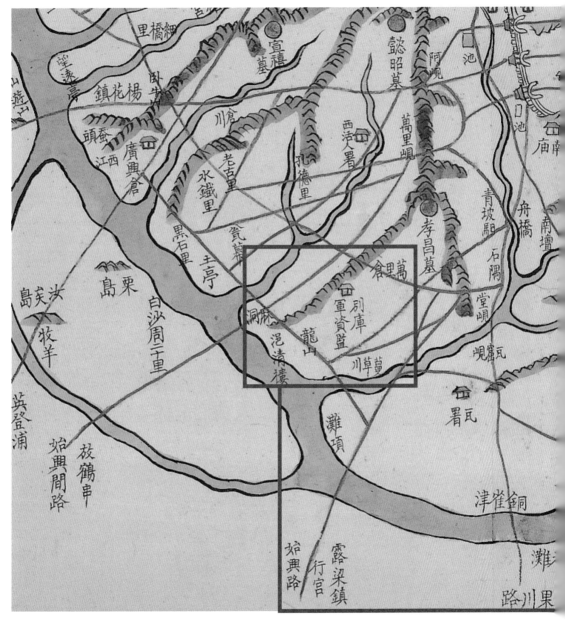

▲ 19세기 중반 경조오부도(京兆五部圖)

조선 왕조 때 용산은 오늘날 효창공원과 원효로 남서쪽 일대의 구릉지였다. 용산은 한양도성 서쪽 무악(안산)의 남쪽
으로 뻗어나간 산줄기가 한강을 향해 구불구불 나아간 모양이 마치 용의 모습을 닮은 산세에서 유래한 말이다.

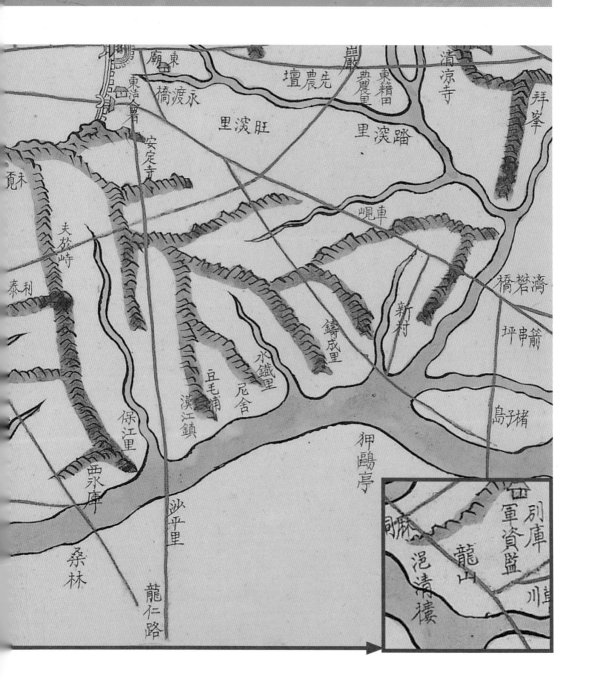

▲ 개항기 일본 외무성에서 작성한 용산 일대 실측도(1884)

a. 용산
b. 군자감
c. 용산파호장(용산포구)
d. 별영
e. 마포도정(마포나루터)
f. 토정
g. 동막
h. 아소정

i. 용산미(米)창(만리창)
j. 남대문도
k. 노량이라고 표기되어 있지만 노량
(露梁)이 아니라 '탄항계(灘項契)'다.
탄항계는 예전 만초천 입구 근처에
있던 거센 여울목 부근의 마을이라는
데서 유래했다.

▲ 구한말 용산 전경(현 용산구 원효로 2동 일대)
　용산은 조선 왕조 때부터 한강을 통한 조세와 전국 물산의 집산지로 조운선이 모이는 주요 포구였다.

▲ 노량진 일대에서 바라 본 한강철교와 용산(1900)

▲ 용산 포구에 하역된 목재

조선시대 각 궁궐과 관청을 짓는데 필요한 수많은 목재들이 한강을 통해 수송되었는데 대부분이 용산강(포구)에서 건져졌다.

"임금(태조 이성계)이 용산강에 거둥하여 종묘의 목재를 살펴보았다" - 태조실록 권6, 1394년 11월 10일

▲ 구한말 용산 포구 일대 석재 운반 모습

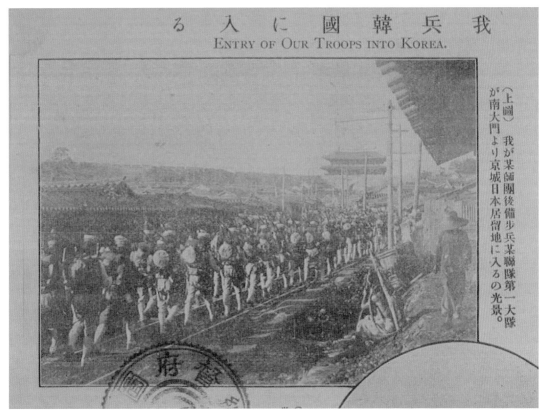

▲ 러일전쟁 발발 직후 일본인 거류지를 향해 남대문에 입성하는 일본군

▲ 서울 남산의 화성대에서 연습하고 있는 일본군 포병대대
　원래의 사진 자료에는 근처에 일본 공사관이 있고, 시가지가 내려다보이는 경치가 아름다운 곳이라고 설명되어 있다.

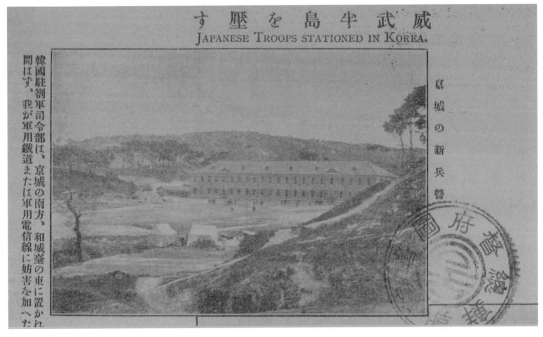

威 武 半 島 を 壓 す
JAPANESE TROOPS STATIONED IN KOREA.

京城の新兵營

韓國駐劄軍司令部は、京城の南方、和城臺の東に置かれ間はず、我が軍用鐵道または軍用電信線に妨害を加へた

▲ 남산 한국주차군 사령부

'위세와 무력(武威)으로 반도(한국)을 제압하다'라는 소제목과 함께 화성대(和城臺) 동쪽에 위치한다고 설명되어 있다. 조선 왕조 때는 이 일대에 병사나 무과 지망생들이 무예를 연마했던 무예장이 있어 '예장(藝場)' 혹은 '예장골'이라 불렀다. 일본인은 임진왜란 당시 일본군의 주둔지였던 까닭에 왜성대, 왜장터 등으로 불렀다.

▲ 남산의 한국주차군 사령부(좌)와 보병 중대 숙사(우)

러일전쟁 직후 일본군은 남산 화성대(왜성대)에 한국주차군 사령부를 설치했다. 한국주차군 사령부는 1908년 10월 1일 용산병영의 신축 청사가 완공되자 남산에서 그곳으로 이전했다.

鐵
道
監
部

▲ 임시군용 철도감부

　러일전쟁을 일으킨 일본은 한국을 거쳐 만주에 이르는 군용철도를 설치하고자 서둘렀다. 러시아에 선전포고를 한 2
주일 후인 1904년 2월 21일 육군 임시군용 철도감부를 지금의 용산역 일대에 설치했다.

▲ 일본군 공병대의 군용 경의철도 공사 모습

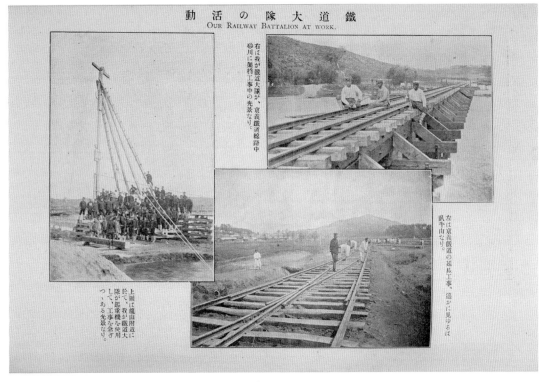

動 活 の 隊 大 道 鐵
OUR RAILWAY BATTALION AT WORK.

右は我が鐵道大隊が、京義鐵道線路中砂川に架橋工事中の光景なり。

左は京義鐵道の延長工事、遙かに見ゆるは臥牛山なり。

上圖は龍山附近に於て、我が鐵道大隊が起重機を使用して、工事を急ぎつゝある光景なり。

▲ 일본군 철도대대의 경의선 철도 공사

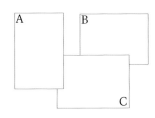

A - 용산부근에서 철도대대가 기중기를 사용해 공사중인 모습
B - 사천(砂川: 바닥이 모래로 된 하천)에 다리 공사
C - 경의철도 연장 공사. 뒤에 보이는 산이 와우산

(龍2)　Ryuzan Station.　龍山停車場

▲ 용산역(정거장)

　용산역사는 경인선이 개통된 1900년 당시에는 3.5평에 불과한 규모였다. 러일전쟁이 끝난 1906년경 용산역이 경의선의 시발점이 되자 유럽식 목조 2층 건물로 크게 신축했으나 한국전쟁 때 화재로 소실되었다.

제1장

제1차 공사(1906~1913)와
용산병영

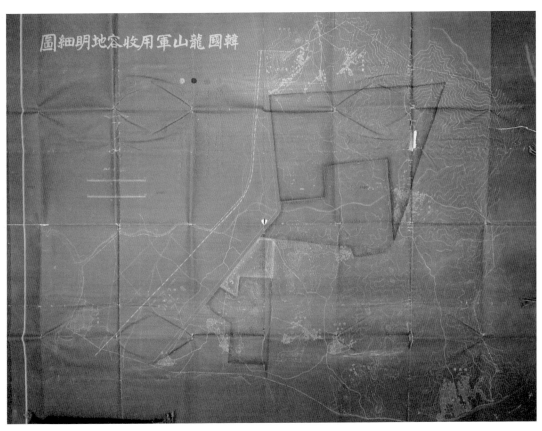

▲ 한국 용산 군용 수용지 명세도의 청사진(1906)

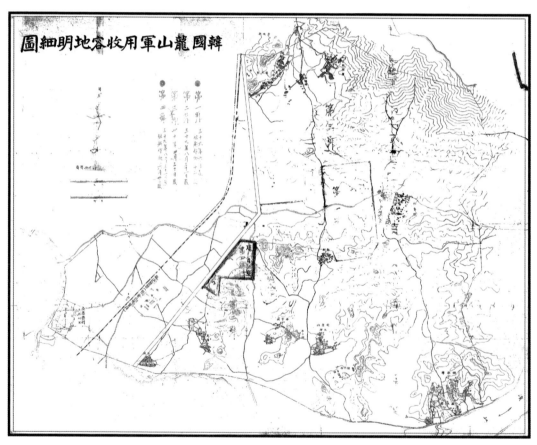

▲ 한국 용산 군용 수용지 명세도의 복사본(1906)

일본군은 가옥과 묘지, 경작물 등을 제1호부터 제4호까지 구역을 나누어 강제수용할 계획이었다. 명세도 중간 파란색 선은 만초천(넝쿨내) 지류를 가리킨다. 수용지 내 이태원, 둔지산, 신촌, 대촌, 정자동, 단내촌 등의 옛 지명이 보인다.

서울역 방향

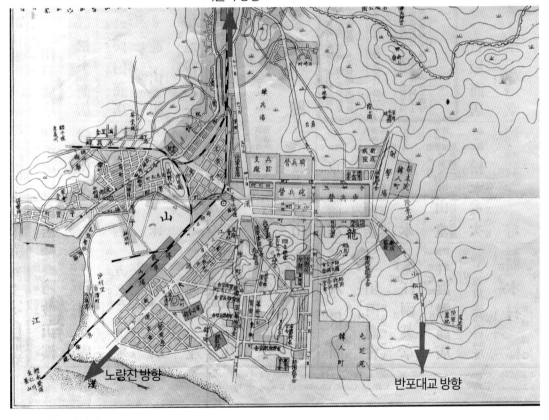

노량진 방향

반포대교 방향

▲ 경성 용산시가도(1909)

용산병영 내 주요 건물과 시설물들은 1908년까지 완공되었다. 제1차 기지공사는 1906년에 시작해 1913년에 끝났다. 이와 동시에 이태원 마을의 일부와 둔지산 자락의 신촌, 정자동 마을이 사라졌다.

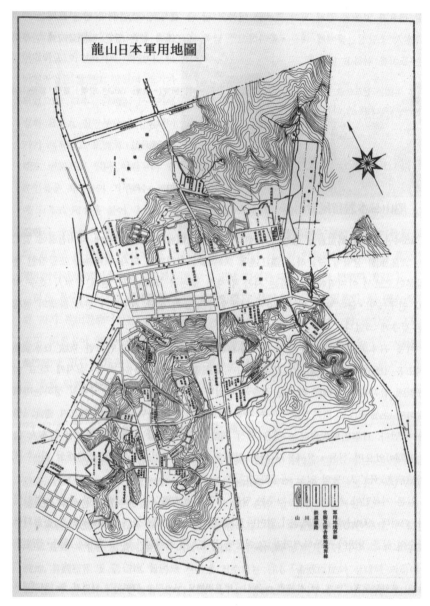

▲ 용산병영 지도(1914)

제1차 용산병영 건설 공사가 끝난 후 조선주차군의 용산 배치를 알 수 있는 지도이다.

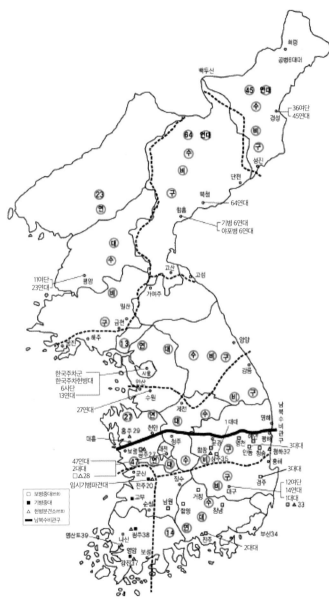

▲ 한국주차군과 헌병대 배치도(1906)

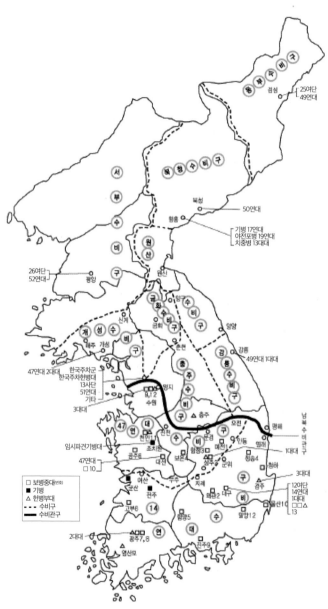

▲ 한국주차군과 헌병대 배치도(1908.02)

▲ 건설 중인 용산병영(1907.09)
보병영 숙소가 건설되고 있다. 현 용산기지 둔지산에서 메인포스트쪽을 바라 본 모습이다.

한강

▲ 건설 중인 용산병영(1907)
  사진 윗 부분의 오른쪽 하얀 바탕이 한강이다.

▲ 건설 중인 용산병영의 보병부대(P.64의 ❺ 건물)
   사진 우측 건설중인 건물은 연대(대대) 피복고 건물이다(1908년 6월 준공). 이 건물은 현재도 남아 있다.

(丿678)   THE KEADQUATERS OF RESIDENT ARMY.   龍山朝鮮駐劄軍司令部 （所名鮮朝）

▲ 한국주차군 사령부와 경비를 서고 있는 일본군

엽서의 스탬프에는 '(조선명소) 용산조선주차군사령부'라 찍혀 있다. 하지만 정문 현판에는 '한국주차군사령부'로 나와 있어 1910년 이전에 촬영된 사진엽서임을 알 수 있다.

▲ 오쿠보 하루노(大久保春野, 1908. 12~1911. 8) 한국 주차군(조선주차군) 사령관(아래 줄 중앙)과 참모들

▲ 용산 총독 관저
1909년 최초 완공 당시에는 한국주차군 사령관의 관저로 사용되었다. 이후 용산 총독 관저로 용도가 변경되었다.

▲ 한국주차군 사령관 관저 전경(1909년 완공)

42쪽과 같은 건물이다. 유럽풍의 초호화양식으로 건축되었는데 <거류민지석물어(1927)>라는 책에 따르면 이 건물의 내력을 다음과 같이 설명하고 있다.

"세간에 용산의 아방궁이라고 불리는 것은 하세가와 요시미치(長谷川好道)가 일찍이 러일전쟁 직후 한국주차군 사령관으로 경성에 재임 중에 러일전쟁의 잉여금 50만원을 들여 군사령관 관저로 하고자 건설했던 것임에도, 당사자인 하세가와는 물론이고 아직 그 누구도 이곳에 거처를 정한 바가 없는 불가사의한 건축물이다."

THE RESIDENT-GENERAL OFFIEIAL　京城龍山統監官邸

▲ 통감 관저

원래는 한국주차군 사령관 관저였으나 강제병합 이후 '용산 총독 관저'로 명칭이 바뀐다. <대한매일신보> 1910년 3월16일자에 수록된 기사는 다음과 같이 설명하고 있다. "작년 12월에 필역(畢役)된 용산 일군 사령관의 숙사는 기지가 6백여 평이오 그 집 짓는 부비가 오십만원에 달하였는데, 그 집 제도가 극히 굉장하므로 이 집을 통감의 관사로 쓰고 일본군 사령관의 숙사는 다시 짓기로 지금 의론하는 중이라더라."

THE GRAND GATE OF RYUZAN OFFICIAL RESIDENCE, KEIJO.
壯大なる龍山總督官邸正門　（京城）

▲ 용산병영의 총독 관저 정문과 전경

위의 사진에 '장대한 용산 총독 관저 정문'이라는 설명의 스탬프가 찍혀 있다. 아래 전경 사진은 1911년 경 촬영되었다.

45

(龍46)　THE GOVERNOR GENERAL OFFICIAL RESIDENCE　　邸官督總舊山龍　　(所名鮮朝)

▲ 용산병영의 구 총독 관저

'조선명소'라는 설명의 스탬프가 찍혀 있다. 용산병영의 총독 관저는 총독 주거용이 아닌 주로 연회 및 행사장소로 이용되었고, 1939년 9월 경복궁 뒤쪽에 경무대 총독 관저가 신축되었다.

Official Residence of Korea Commander of Ryuzan.

(龍山)、邸官督總鮮朝 物造建範模るけ於に洋東

▲ 용산병영의 총독 관저 전경

사진에는 '동양에서 모범건조물 조선총독 관저(용산)'이라는 설명의 스탬프가 찍혀 있다.

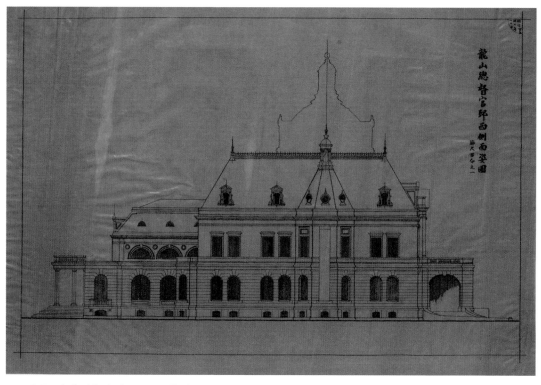

▲ 총독 관저 서측면 자도(姿圖)(축척 1:1000), 1907년 작성

龍山朝鮮總督官邸 （十五日）

すか驚ふ眼同一員團て觀るむ極を美の奐輪、麗雄壯宏の邸官督總るゆ鑿に山龍てしと然裴

▲ 용산병영에 있는 총독 관저를 찾은 조선실업시찰단원 일동의 모습(1912.03.15.)
뿐만 아니라 경술국치 이후 축하연회나 큰 만찬회가 있을 때 순종과 왕비가 이 곳에 여러 번 행차했다.

BEAUTIFUL WHITE WALL OF RYUZAN OFFICIAL
RESIDENCE. CHOSEN GOVERNMENT, KEIJO.
自亞美し龍山總督官邸 （京城）

▲ 용산병영의 총독 관저 전경
  '하얀 벽이 아름다운 용산 총독 관저'라는 설명의 스탬프가 찍혀 있다.

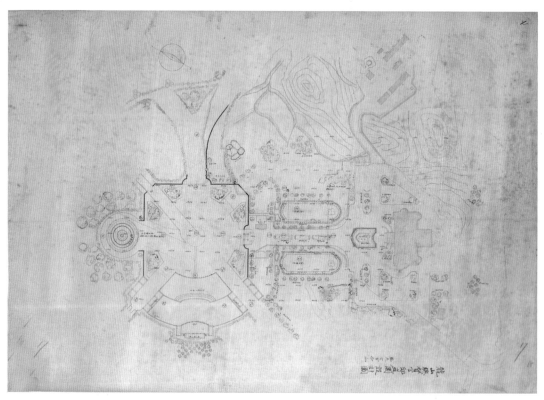

▲ 용산병영의 총독 관저 정원 설계도
총독 관저 앞에 유럽식 정원과 인공호수를 만들 계획이었다(P.306 지도 ❷번 참조)

▲ 한국통감에 부임하는 데라우치 마사다케의 행렬(1910.07.23)
　데라우치는 육군대신을 겸임하였다.

君毅正內寺爵伯督總鮮朝
GOVERNER GENERAL CHOSEN, COUNT TERAUCHI.

▲ 제1대 조선총독 백작 데라우치 마사다케

THE DIVISIONAL HEADQUARTERS, RYUZAN.　龍山師團司令部

▲ 제6사단 사령부 정문(1908.09 한국 파견 명령 ~ 1910.05)

門正ノ營兵山龍

(新 2 4)   Imperial Japanese military camp, Yong Fang.   (所 名 國 韓)

▲ 제6사단 사령부 보병 연대 정문(P.65의 ❻)
'한국명소'라는 설명이 나온 것으로 봐서 1908 ~ 1910년 사이 모습이다.

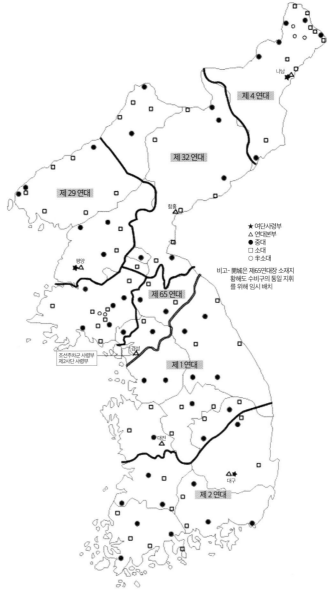

★ 여단사령부
△ 연대본부
● 중대
□ 소대
○ 半소대

비고- 開城은 제65연대장 소재지
황해도 수비구의 통일 지휘
를 위해 임시 배치

제 4 연대

제 32 연대

제 29 연대

제 65 연대

제 1 연대

제 2 연대

나남

함흥

평양

조선주차군 사령부
제2사단 사령부

경성

대전

대구

▲ 조선주차군 배치도(1911.07)

　　보병 제2사단의 제4, 29, 32, 65연대가 경성을 포함하여 북부를 담당했다.
임시한국파견대는 몇 개의 일본군 사단에서 부대들을 차출하여 제1, 2연
대로 연합 편성한 부대였다.

The Haed Quarters of The Division, Ryuzan (Yongsan). 竜山師團司令部

▲ 제2사단 사령부 전경
  제2사단은 한국병합 직전인 1910년 4월부터 1912년 2월까지 주차(주둔)하였다.

((687))　　　　門正營兵山龍軍剳駐鮮朝　　（所名鮮朝）

THE GATE OF THE BARACK OF THE RYUSAN REJIDENT ARMY IN COREA.

▲ 제8사단 보병 제31연대 정문(P.65의 ❻)

정문 오른쪽 현관에 '보병 제31연대'라고 나온다. 제8사단은 1912년 3월부터 1914년 2월까지 조선에 주둔하였다. 사진에 '(조선명소)조선주차군 용산병영 정문'이란 설명의 스탬프가 찍혀 있다.

58

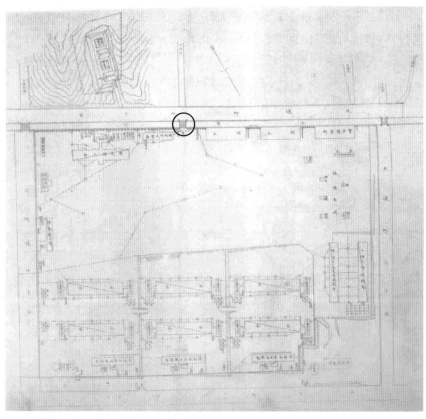

▲ 보병 연대 병영 배치도(P.60을 참고)
　원은 보병 연대 정문

(寫名35)　　MILITARY BARRACKS AT RYUSAN, COREA.　　龍山兵舍全景

▲ 보병 제78연대 정문

▲ 현재 남아있는 보병 제78연대 정문

▲ 이태원 방향에서 본 보병 부대 숙사(1911), P.40쪽 비교 참조

▲ 용산 보병 2개 중대 병사 정면 建圖(축척 1 : 600, P.65의 ❷ 건물)

CAMP OF RYUZAN, CHOSEN.

▲ 용산병영 전경
　장교 관사 뒤편 둔지산 느티나무 너머로 한강이 보인다.

❶ 연대 및 대대본부(멸실)　　　　　❹ 장교 집회소(현존)

❷ 보병 숙사(막사, 현존)　　　　　　❺ 연대 및 대대 피복고(현존)

❸ 장교 관사(현존)　　　　　　　　❻ 보병 연대 정문(현존)

景 全 營 兵 (山 龍)

7 위병소, 영창(멸실)
8 둔지산
9 둔지산 느티나무 군락(현존)

10 신축중인 군사령관 관저(멸실)
11 한강
12 만초천 지류 (견치석) 축대(현존)

65

(朝 207)　　　　　　　　　部本隊聯内營兵山龍箚駐國鮮朝

▲ 용산병영의 한국주차군 연대본부(P.65의 ❶ 건물)

　사진엽서 아래에 '조선국 주차 용산병영 내 연대본부'라고 쓰여 있다. 조선국(朝鮮國)이라고 표현하고 있는 것으로 봐
서 1910년 강제병합 이전에 찍은 사진엽서이다.

(朝 210) The Chutogun Rentai at Ryzan corea   景全ノ隊聯山龍軍箚駐國鮮朝

▲ 지금의 전쟁기념관에서 바라 본 보병 연대 숙사. 뒤 쪽으로 남산이 보인다.
사진엽서 아래에는 '조선국 주차군 용산연대의 전경'이라고 쓰여있다.

VIEW OF RYUZAN MILITARY HOUSE　面側舍兵山龍　(所名鮮朝)

▲ 용산병영의 보병 부대 숙소의 측면
　사진의 캡션에 '조선명소'라 나와 있다. 건물은 현재도 남아있다. 사진 위쪽의 언덕에는 초가집이 옹기종기 모여 있다.
　옛 이태원의 모습이다.

(ｲ 677)　The Commissioned officers house, yong-san.　龍山陸軍將校官舍　(朝鮮風景)

▲ 용산병영 장교 관사(P.64의 ③ 건물)
　'조선풍경'이란 설명의 스탬프가 찍혀있다.

SHOKO KANSHA OF RIUZAN RENTAI

舍官校將山龍 (所名國韓) (新72)

▲ 용산병영 장교 관사 (P.64의 ❸ 건물)
　'한국명소'라는 설명이 스탬프로 찍혀 있다. 쌍둥이 건물의 장교 관사로 오른쪽 건물은 현재 주한미합동군사업무단(JUSMAG-K)으로 사용되고 있고, 왼쪽은 한국전쟁 때 큰 피해를 입어 1950년대에 철거되었다.

SHOKO KANSHA OF RIUZAN RENTAI　舍官校將山龍 (所名鮮朝) 〔景97〕

▲ 용산병영 장교 관사(P.65의 ❸ 건물)

　'조선명소'라는 설명의 스탬프가 찍혀 있다. 왼쪽의 장교 관사는 2019년 현재 주한미군 T&R(변혁 및 재배치)사령부로 사용중이고, 오른쪽의 큰 장교 관사 건물은 용산기지사령부로 사용중이다.

(一其) 念紀臨台御隊聯五拾三第兵步軍劄駐山龍下殿宮院閑

▲ 칸인노미야(閑院宮) 용산 주차군 보병 제35연대 방문
　'어태림기념(황족이 참석함)'이라는 내용이 찍혀 있다. 보병 제35연대는 1914년 2월부터 1916년 4월 사이 한국에 주둔했던 제9사단 예하부대다. 칸인노미야(閑院宮, 1902~1988)는 일본의 황족으로 전시 육군 소장까지 지낸 인물이다.

院病戍衛城京割駐鮮朝 （山龍）

▲ (용산) 조선 주차 경성위수병원 정문
　현재 이 곳에는 주한미군 장병 클리닉(진료소)이 들어서 있다.

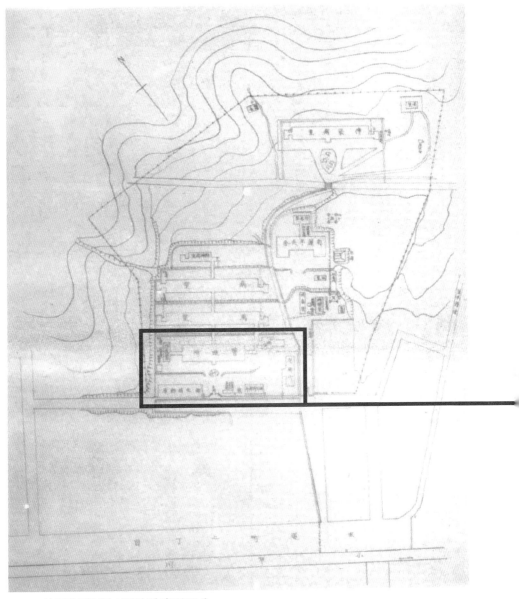

▲ 조선 주차 경성위수병원 배치도(1914)
　적색 네모 표시는 조선 주차 경성위수병원 관리실 일대

OFFICE OF MILITARY HOSPITAL AT SEOUL　朝鮮駐劄京城衛戍病院管埋室

▲ 조선 주차 경성위수병원 관리실

朝鮮駐劄京城衛戍病院————庭園ノ一部

▲ 조선 주차 경성위수병원의 정원과 환자들

▲ 조선 주차 경성위수병원 환자들

▲ 조선 주차 경성위수병원 환자들

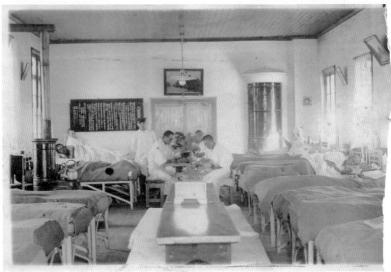

▲ 조선 주차 경성위수병원 내부와 환자들
페치카 난로 옆에서 환자들이 바둑과 독서를 하고 있다.

李王同妃兩殿下
陸軍病院에 御行次
淑明、進明兩高女校도 御視察
伊國使節도 御接見

御視察 御着京 어六일을 맞어 │ 군사령관 관저에 小磯 군사 / 十四분 용산군구원을 向으로 하신 이왕 동비양전하는 李王 同 │ 령관을 어방문、어해석의 어니후 院에 백의의 용사들에 어위로의 말
妃両殿下 계옵서는 二十三일 오 │ 를 삼엇다 여러가지 응전상태 옵시고 어친경하옵신 위로의 말
전九시 어출발、 용산의 를 어경가이웟나。 그리고 동九 슴을 수옵신우 동十시 五十분 一

▲ 영친왕 이은과 이방자가 용산의 군사령관 관저와 육군병원을 방문했다는 기사(동아일보 1938년 4월 24일자)

80

▲ 용산연병장에서 최초의 비행 장면 기사(매일신보 1913년 4월 5일자)
　1913년 4월 3일 일본인 비행사가 '오토리(鳳)호'라고 명명한 비행기로 '용산연병장(2019년 현재 용산기지 캠프코이너)'에서 첫 비행을 가졌다. 한국에서의 최초 비행기록이다.

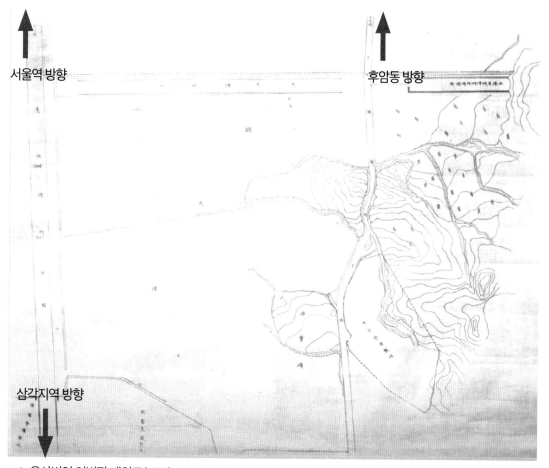

서울역 방향

후암동 방향

삼각지역 방향

▲ 용산병영 연병장 배치도(1914)
　　임오군란(1882) 당시 청나라 오장경 휘하 부대인 황사림 부대가 이 일대에 주둔해 흥선대원군 이하응을 납치했던 비극적인 역사의 현장이다.

82

五其　況實ノ戰擬模ル々於二營兵練山龍鮮朝日念紀軍陸日十月三年三正大

▲ 용산연병장에서 열린 육군기념일 모의전 장면(1914.03.10)

전쟁기념관 북문 방향

후암동 방향

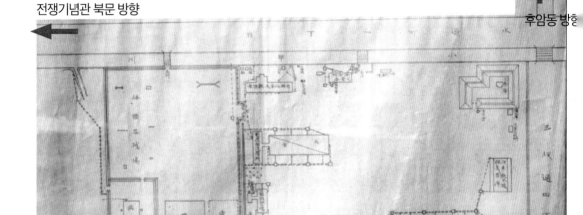

▲ 용산병영 야포병 중대 배치도(1914)

현 전쟁기념관 야외전시장과 용산미군기지 자리다. 일본군은 야포병 중대 앞에 흐르는 만초천(넝쿨내)을 小早川으로 불렀는데 임진왜란 당시 침략의 선봉장이었던 '고바야카와(小早川隆景)'의 이름을 딴 것이다.

(龍26) THE YONG-SAN BARRASK 隊兵砲野山龍軍劃駐鮮朝 (所名鮮朝)

▲ 야포병 제9연대 제1중대(1914.02~1916.04) 정문
　정문 오른쪽 팻말에 쓰여있다. 제9사단 소속이었다. 정문 앞에는 만초천(넝쿨내)이 흐르고 정문 너머 언덕에 군악대
와 음악당이 있었다. 지금은 그 자리에 한국 국방부가 들어서 있다.

서울역 방향

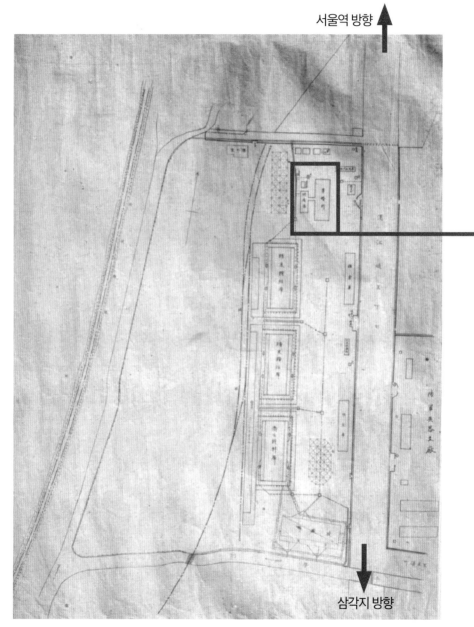

삼각지 방향

▲ 육군창고 배치도(1914)

적색 네모 표시는 육군창고 청사이다. 2019년 현재 주한미군이 캠프킴(Camp Kim)으로 부르며 2018년까지 USO(미군위문협회) 건물로 사용했다.

庫 倉 軍 箚 鮮 朝

▲ 조선 주차 육군창고
1908년 완공되어 조선주차군에 보급할 군수품을 보관하는 곳이었다. 용산역에서 뻗어나온 지선(支線)이 창고부지까지 연결되어 있었다.

▲ 과거 육군창고였던 캠프킴 USO 전경
2018년 11월 30일부터 서울특별시에서 용산공원갤러리로 사용하고 있는 건물이다.

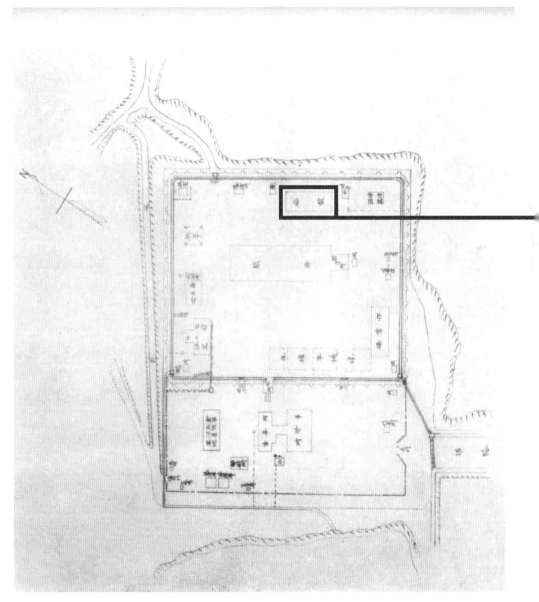

▲ 용산병영 위수감옥 배치도(1914)
　　적색 네모 표시는 병감(환자 죄수 수감 시설)

▲ 위수감옥에 있던 병감(病監)의 현재 모습
환자 죄수를 따로 가두었던 곳이다.

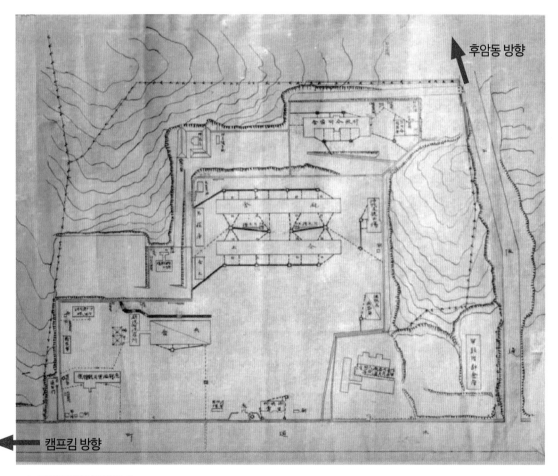

▲ 기병영 배치도(1914)
현재 이곳은 주한미군 메인 PX와 미니 몰(Mini-Mall) 등이 들어서 있다.

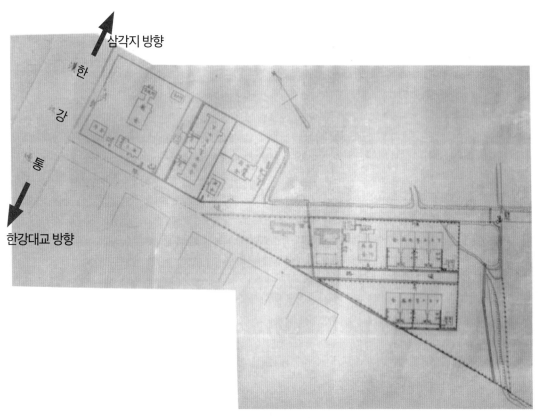

삼각지 방향

한
강
통

한강대교 방향

▲ 용산헌병분대 배치도(1914, 축척 1:600)
현재 이곳에는 LS용산타워(옛 국제빌딩)가 들어서 있다.

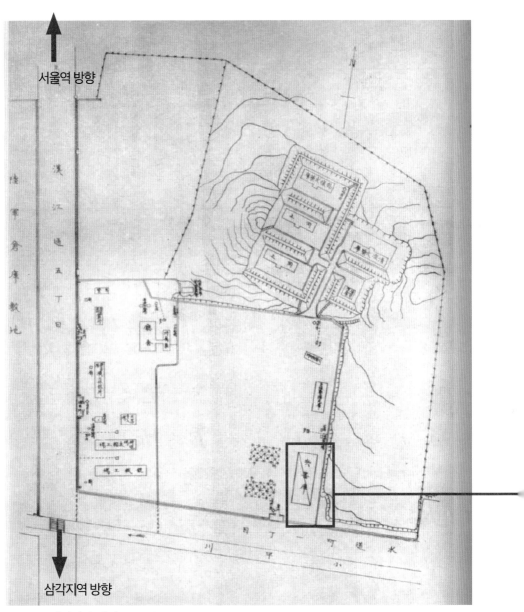

서울역 방향

삼각지역 방향

▲ 육군병기지창 배치도(1914)
　 적색 네모 표시는 병기고이다.

▲ 현재도 남아 있는 병기지창 병기고 건물

제2차 공사(1915~1922)와
용산병영

軍旗物語（光榮ある朝鮮師團の軍旗）

△軍旗は聯隊の精神なり

此回朝鮮師團の增設と共に、此の嚴肅なる軍旗は、實に聯隊の精神であって、一旦緩急あれば、此の光輝ある軍旗の下に、死力を竭して奮戰するのである。されば、聯隊の名譽は、乃ち軍旗の榮譽、軍旗の榮辱は、忽ち聯隊の榮辱となるから、軍人は身命を堵して、軍旗の尊嚴を擁護しなければならぬ。これまで帝國の軍人は、此の光輝ある旭日旗の赫る處、未だ曾て一度も敗戰の汚覦を受けたことがないのである。如何なる金城湯池をも突破して進んだ。

大元帥陛下は軍旗七旒を、新聯隊に、御親授遊ばされ、陸下の御眞影を拜する恰も、陛下の御眞影を拜する如く、實に聯隊の精神であって、

而して、軍人は、此の光輝ある旭日旗の赫る處、未だ曾て一度も敗戰の汚覦を受けたことがないのである。

ナポレオンは毎に兵士に向つて言つた。『軍旗の在る所を佛蘭西と思へ』と、洵に軍旗に對する信仰心を道破し得て、至妙といふべきである。併しわが日本帝國の軍人は、軍旗の在る所、未だ曾て一度も、戰ひに敗けたことがないのである。

大元帥陛下の立たせ給ふ處を、未だ曾て軍旗の汚覦を穢してはならぬ。軍旗は實に軍隊の精神である。國家の干城旗である。大元帥陛下が、軍旗は明治三年の御制定にて、明治七年近衛の第一第二聯隊に、御授與あらせられしを初めとす爾來、新師團の增設と共に、幾多の軍旗を御授與され、遂には新設朝鮮師團の各聯隊まで拜受するに至つたのである。

嗚呼、軍旗は實に軍隊の精神である。畏くも大元帥陛下が、御手づから隊號を旗に記され玉はるのである。日本軍人たるもの、死す共軍旗の尊嚴を穢してはならぬ。御手づから隊號を旗に記され玉はるのである。畏くも大元帥陛下が、御手づから隊號を旗に記され玉はる。

を下し賜ふ時には、親しく勅語と共に、御手づから隊號を旗に記され玉はる。嗚呼、年毎に增え行く、光榮ある軍旗の光、それは、我が帝國の、國威發揚を意味するものに非ずして、何であらう!! 王政維新の際に、『宮さん〱、御馬の前に、ちら〱するのは何ぢやいな、あれは朝敵征伐せよとの、錦の御旗ぢや知らないか』の歌が高唱せられた。實に征討大總督有栖川宮熾仁親王殿下の、錦の御旗と知らないか。

これを歷史に見るも、朝敵征伐の錦の御旗に、畏縮せぬ者はなかつたのである。如何なる大敵も、錦旗の向ふ所戈を邀へるものはなかつたのである。

われ等日本の國民たるもの、死す共軍旗の尊嚴を汚してはならぬ。畏くも

▲ 군기물어와 군기 봉수식

일본군은 연대 단위로 군기를 수여하였다. 일본은 1916년 제19사단을 창설하며 새롭게 편성하는 연대에 군기를 수여하였는데, 위의 자료는 군대의 깃발이 어떤 의미가 있는지를 설명하고 있다. 여기에서는 나폴레옹이 병사들에게 매번 '군기 있는 곳을 프랑스로 생각하라'고 말했다며, 군기는 '연대의 정신'이고 '국가의 안팎을 지키는 깃발(干城旗)이다'라고 강조하고 있다. 조선에 신설한 연대의 군기는 용산, 함흥, 평양, 나남에서 봉수식, 곧 수여식이 있었다.

御馬前には、双向ふ敵もなかつたのである。壯快なる「宮さん〳〵」の歌は、今後
世界の何れへも高唱せらるべき運命を有つ。有史以來會て戰鬪に敗けたことの無き
日本軍人は、軍旗の前には、何物をも怖れず、突擊するのであ
る。苟も、旭日旗の向ふ處、世界何れの果てにも、双向ふ敵は無いのである。陛下
の軍旗を親授あらせらるや、勅語に、『今軍旗一旒を授く、汝軍人、協力同心して、
益々威武を宣揚し、以て國家を保護せよ』と宣ふ。これに對し、聯隊長は、『敬て
明勅を奉す臣等死力を竭し誓て國家を保護せん』と奉答するのである。豈に、死力
を竭して、軍旗を守らずして可ならんやである。これまて、我國の光輝ある聯隊旗
を見るに。其の多くは彈痕に破れ、鮮血に染り、幾多戰場の武勳を物語つて居る。
彼の西南の役と云ひ、征淸の役乃至北淸の亂を始めとし、最近日露の役にも、光輝
ある幾多の歷史を閱したのである。嗚呼陛下の賜ひし一根の旗影は、實に國家興
亡の柱石となつて居るのである。吾人が尊嚴なる軍旗に對し、常に肅然襟を正すの
も、亦故なき能はずである。

本朝鮮師團創設紀念號 並製定價金貳圓
特製定價金參圓

大正五年十月二十五日印刷
大正五年十一月一日發行

著作兼發行者
京城大和町一丁目四十八番地
安藤　靜

印刷者
東京市京橋區築地二丁目二十一番地
渡邊　一

印刷所
東京市京橋區築地二丁目二十一番地
國光印刷株式會社

發行所
京城大和町一丁目四十八番地
朝鮮寫眞通信社
電話　二四二九番
振替京城二五六五番

○朝鮮寫眞畫報
自大正四年五月
至大正五年四月
定價金參圓六拾錢特價金貳圓送料不要
拾貳册合本

○朝鮮寫眞畫報每月十日發行
定價金參拾錢
（郵稅壹錢）

會費
壹箇月金參拾錢
（郵稅共）
六箇月前金壹圓七拾錢
（郵稅共）
壹箇年前金參圓參拾錢

京城大和町一丁目四十八番地
朝鮮寫眞通信社
電話二四二九番
振替京城二五六五番

立花 蕱洲

龍山軍旗奉授式
桃花漸散春將老。柳色依稀夏欲來。
此日龍山傳帝勅。軍容肅々愴銜枚。

平壤軍旗奉授式
箕城倚險扼咽喉。江水逶迤遶郭流。
昨雨今晴天若拭。授軍旗畢頌皇猷。

咸興軍旗奉授式
蟠龍山上日初紅。影映珊江萬里通。
演武場中人若虎。捧旗遙拜五雲東。

羅南軍旗奉授式
早起整衣天未明。夜來風雨恰新晴。
忽看旭日出東海。高捧軍旗入柳營。

入羅南
蹄聲鞭影勢堂々。道是將軍欲莅營。
豈獨人家謳盛事。門衣綠葉萬燈明。

過武陵臺
武陵臺下碧雲封。古茂山頭翠黛濃。
風景依然長不改。年々人事一紛茸。

越山城高原
十里高原不見家。濛々大霧散爲霞。
山中六月冷如鐵。猶有崖陰帶雪花。

穩城次韻似小池中尉
胡笳塞笛不堪聞。豆滿江流三國分。
休道邊城多苦節。男兒立志在青雲。

過黃坡鎭懷故人
亙巖屹立大江濱。苦氣蒸雲虎欲瞋。
矚景暗催今昔感。斜風細雨思伊人。

過穩城平野
一眸萬頃接平岡。祥麥嘉禾各稔穰。
人稀地廣不耕盡。美田大半委荒涼。

慶興矚望
右是鄂羅左女眞。夕陽立馬大江濱。
男兒到此豈無感。笑按輿圖數北辰。

古邑警報
萬里圖們邊戍人。胡笳遠近易傷神。
牛宵聽警勒兵起。風雨滿江飛電頻。

白頭山下所見
山逕欲窮便又通。峰廻溪轉白頭東。
忽看衆水從大落。屏障描成萬丈虹。

過龍峴
三五馬牛楊柳村。淙々一水遶柴門。
牧童睡起無他事。捫蝨悠然負午暄。

朱乙溫泉
雨霽青山入眼新。水流汨々不磷々。
一遊此地壽加百。風詠姑爲換骨人。

朝鮮總督官邸と軍司令官及び師團長官邸　　　　　　　　（24）

寫眞の眞上は右に龍山總督官邸てしに茂江に廣闊るせ面に龍山南は下有○り在に地の闊廣るせ茂江てしに龍山總督官邸るけ於に茂城倭山南寺内總督にてし所此憲不に起奥せる地
は壬辰の役がわ石田三成、野田長盛、大谷吉隆等各々屯し一千餘騎に其とるせ古き新築にて龍山總督府てしに隣る間あり○左上は龍山軍司令官邸にし
て○下同じく軍司令官邸の前茂江通に新築せれたる師團長官邸なり

▲ 위의 왼쪽 사진부터 시계 방향으로 용산병영의 군사령관 관저, 용산병영의 총독 관저, 남산의 왜성대에 있는 총독 관저, 신축중인 사단장 관저(1916)

朝鮮駐剳軍司令部全景　　　　　　　（４）

元師山下中将秋の時現現はる下国後に於てまる此建物中に軍勝に駿家せられ
軍司令部は新龍山なる停車場前にあり、後方小丘を隔て龍山総督官邸と相對す、建築は明治四十一年になり第一流の軍司令官各長用好道

▲ 조선주차군 사령부 청사(1916)
P.41과 같은 건물로서 한국주차군 사령부는 강제병합 직후 조선주차군 사령부로 명칭이 바뀌었다.

100

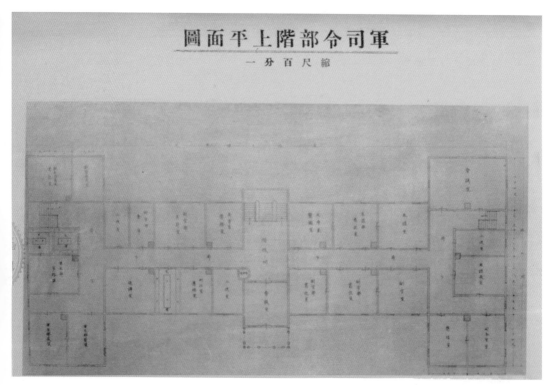

▲ 조선주차군 사령부 청사 평면도

朝鮮軍司令部玄關

▲ 조선군 사령부 청사

조선주차군 사령부는 1910년대 중반 한반도 상주사단(19사단, 20사단) 창설 결정에 따라 1918년 조선군 사령부로 다시 이름을 바꾸었다.

朝鮮軍司令部廳舍

▲ 조선군 사령부 청사

庭前部令司軍鮮朝

▲ 조선군 사령부 청사, 앞 정원

92 京城朝鮮軍司令官々邸

▲ 조선군 사령관 관저 정문
    이 곳은 원래 둔지미 신촌 마을이 있던 곳이었다.(P.33, P.306의 ❹ 참조)

(龍28) 　Official Residence of Gonmander　邸官官令司軍山龍城京　(所名鮮朝)

▲ 조선군 사령관 관저

사진엽서 아래 '조선명소'와 함께 우측 상단에 1924년 5월 9일자 '경성 남대문 조선도선기념'이라는 스탬프가 찍혀 있다.

OFFICIAL GUNSHIREIKAN, RYUZAN CHOSEN.　　軍司令官官舎々(朝鮮龍山)

▲ 조선군 사령관 관저 측면
　입구 초소와 정문 기둥은 현재 드래곤 힐 호텔 입구 장식으로 사용되고 있다.

▲ 제19사단 사령부 개청 당일 축하식(1916.05.01)

STOFF OFFIES OF THE 19TH DIVISION, YONGSAN, CHOSEN.　朝鮮龍山第十九師團司令部

▲ 제19사단 사령부 정문(1916~1919)

　제19사단은 1915년 한반도 상주사단 창설이 결정됨에 따라 1916년 4월부터 용산에서 편성되어 1919년 나남으로 이동했다. 이후 1921년 용산 제20사단이 들어섰다.

(13)　　　　　　　　龍　山　兵　營　の　鳥　瞰　圖

▲ 용산병영 조감도(1916)

❶ 남산 산록　　　　　　　❻ 병영 담장(현 이태원로)

❷ 연대 및 대대 본부　　　❼ 둔지산

❸ 보병 숙사　　　　　　　❽ 기병영

❹ 장교 집회소　　　　　　❾ 포병영

❺ 식당　　　　　　　　　❿ 청파동 일대

110

▲ 왼쪽 위에서부터 시계 방향으로 야포병 제25연대 6중대, 보병 제78연대, 기병 제27연대 3중대, 경성위수병원의 정문

▲ 1916년 용산병영에서 개최된 일본군 군기 수여식(1916.05.01)

아래 사진 오른쪽 말을 타고 있는 사람이 제19사단 초대 사단장인 다치바나 고이치로(立花小一郎) 중장이다. 다치바나는 한 때 조선주차군 참모장을 역임했고 관동군사령관까지 진출했던 인물이다.

▲ 제19사단 보병 제78연대 군기 수여식(1916.05.01)
　　1916년 용산병영의 영정(營庭)에서 개최된 일본군 군기수여식 장면이다. 2019년 현재 이 곳은 한미연합사 나이트필드(knight field) 연병장으로 사용 중이다.

▲ 1916년 보병 제78연대 제1회 군기제 기념 행사(연대장의 칙어 봉독)
여기서 '칙어봉독'이란 일본 천황의 말을 받들어 읽는다는 뜻이다.

（分　列　式）　　　　念紀祭旗軍回一第隊聯八十七第兵步山龍鮮朝

▲ 1916년 보병 제78연대 군기제 기념 행사(분열식)

▲ 용산연병장에서 열린 관병식(1917)
　화살표는 오늘날 선린인터넷고등학교의 전신인 선린상업학교 건물(1913년 신축)

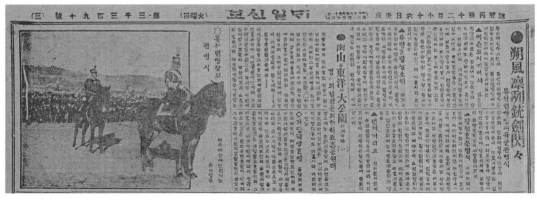

▲ 용산연병장의 관병식 기사(매일신보 1917년 1월 9일자)

▲ 조선총독부 시정 7주년 기념 포스터(1917)
　하세가와 요시미치 총독의 초상화와 용산 총독 관저 모습이 그려져 있다.

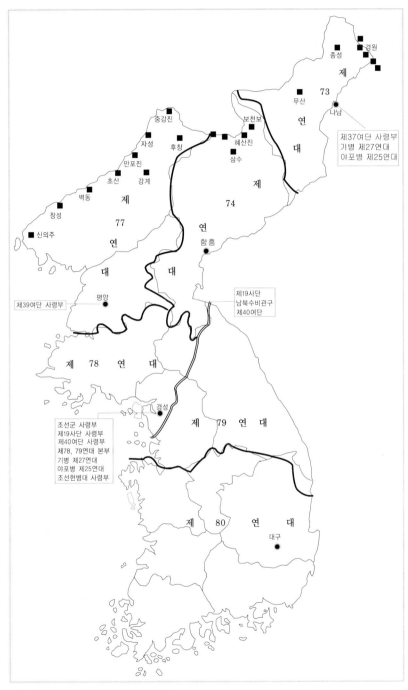

▲ 조선군 수비 배치도(1919.03)
　　　3·1운동이 일어날 때까지 조선군의 기본 배치도이다.

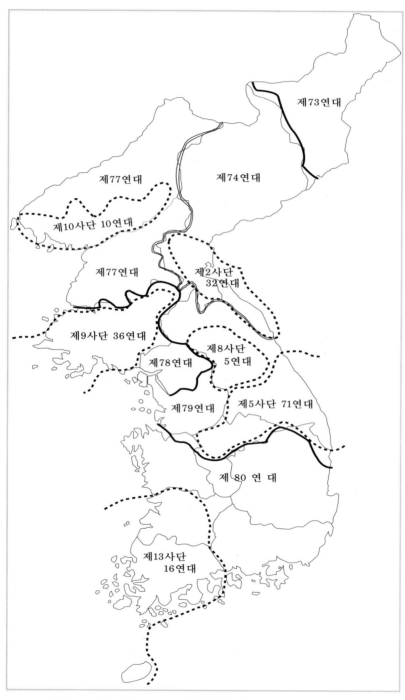

제73연대

제77연대

제74연대

제10사단 10연대

제77연대

제2사단
32연대

제9사단 36연대

제8사단
5연대

제78연대

제79연대

제5사단 71연대

제80 연 대

제13사단
16연대

▲ 3·1운동 탄압 당시 조선군 분산 배치도(1919.04)
일본 정부는 본토에서 6개 대대 병력과 4백 여명의 헌병을 파견하였다.

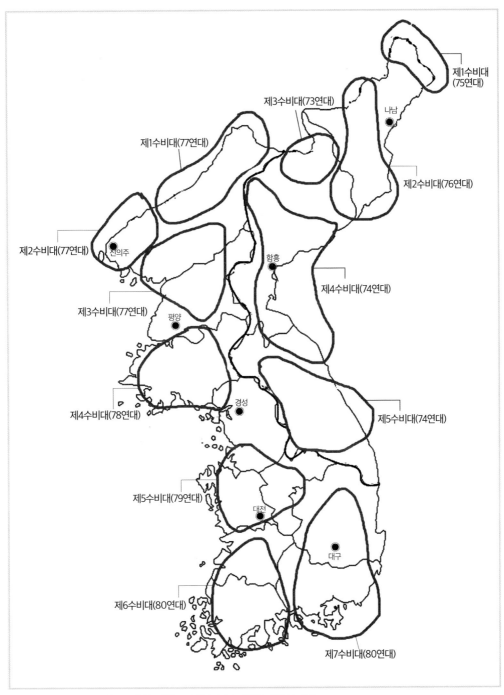

제1수비대
(75연대)

제3수비대(73연대)

제1수비대(77연대)

나남

제2수비대(76연대)

제2수비대(77연대)

신의주

함흥

제4수비대(74연대)

제3수비대(77연대)

평양

제4수비대(78연대)

경성

제5수비대(74연대)

제5수비대(79연대)

대전

대구

제6수비대(80연대)

제7수비대(80연대)

▲ 3·1운동 탄압 이후 조선군 수비 배치도(1921.07)

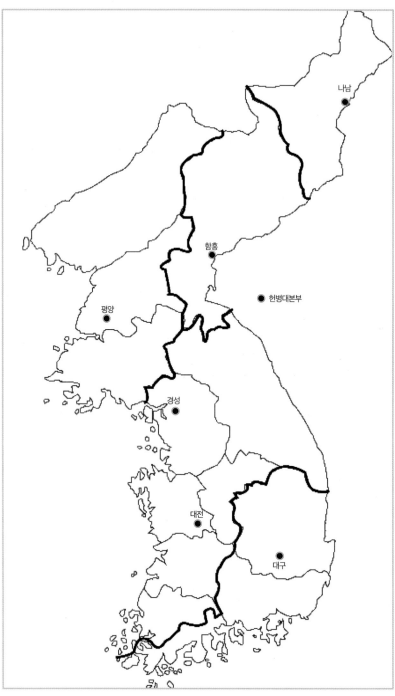

나남

함흥

● 헌병대본부

평양

경성

대전

대구

▲ 조선헌병대 배치도 및 관할 구역(1923.04)

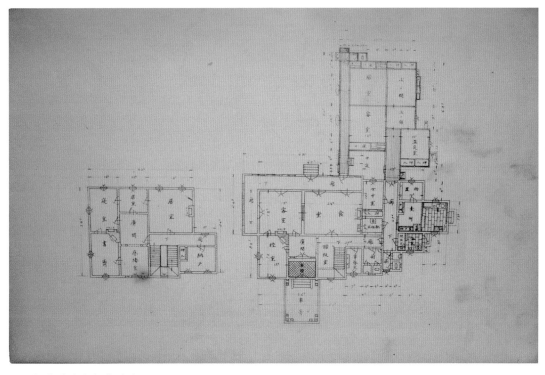

▲ 용산 사단장 숙사 평면도
1916년 12월에 완공되어 사단사령부 뒤편 언덕에 자리잡았다.

122

▲ 한때 일본군 사단장 관저였던 주한미군 하텔하우스 식당

하텔하우스는 일제강점기 용산 사단장 관저였다가 한국전쟁 직전 미군사고문단장 로버츠 준장의 숙사로 사용되기도 했다. 하텔하우스는 원래 한국전쟁이 발발하자 1950년 7월 7일 부산에서 미 8 군사령관 식당으로 개장했다. 1952년 용산기지로 이전해 줄곧 고급 식당으로 이용되다가 2017년 5월 31일 폐장했다.

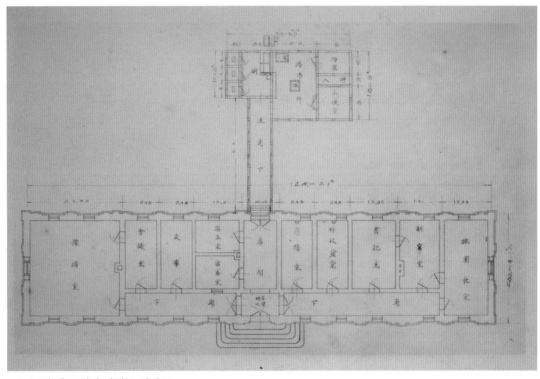

▲ 보병 제40여단 사령부 평면도

91. 京城 朝鮮步兵第四十旅團司令部

▲ 보병 제40여단 사령부 정면

용산 보병 제40여단사령부는 주차군 시절 군악대 청사를 재활용 했던 것으로 의병을 탄압했던 한반도 남부지방의 일본군 지휘부인 임시 한국파견대 사령부의 후신이다. 이 제40여단을 중심으로 상주군 제20사단이 편성되었다. 제40여단 사령부 예하에는 용산 79연대와 대구 80연대가 편제되었고, 원래의 위치는 현 국방부 구역 내에 있었다. 현재 과거의 흔적은 전혀 남아있지 않다.

▲ 보병 제40여단장 관저 정면도
　보병 제40여단장 관저는 1918년 준공되어 현재도 국방부 구역 내에 있으며 육군 서울사무소로 사용 중이다.

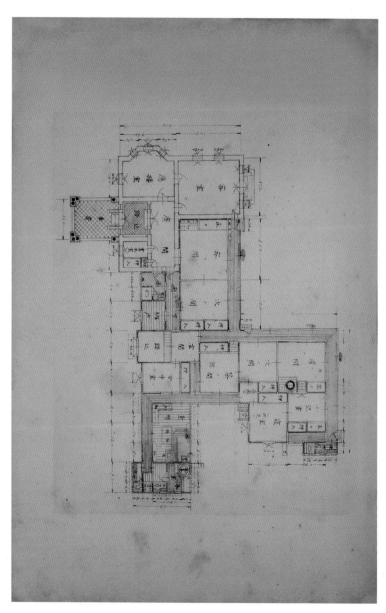

▲ 보병 제40여단장 관저 평면도

▲ 탑동공원의 춘광과 신성한 음악당(매일신보 1916년 3월 17일자)

탑골공원은 탑공원·탑동공원·파고다공원이라고도 했다. 위 기사는 용산병영의 주차군 군악대가 폐지되면서 군사령부 구내에 있던 음악당이 탑골공원으로 이전되었다고 말하고 있다.

NOTED PAGODA IN PAGODA PARK, KEIJO.
塔層十石水寒 • 園公ダゴパ （城 京）

▲ 탑골공원으로 옮겨간 용산 군사령부 음악당(원각사지 10층 석탑 오른쪽)

（龍山工兵隊ノ活動）　　　　大正九年七月九日龍山漢江之大洪水

▲ 한강 대홍수 때 용산공병대 활동(1920.07.09)

龍山電話局ノ浸水トエ兵隊ノ活動

▲ 을축년 대홍수 때 침수된 용산전화국과 용산공병대 활동(1925)

▲ 을측년 대홍수 때 물에 잠긴 삼각지(1925)

▲ 육군신사(1920.11.28)
　　용산병영 내 둔지산 정상에 있던 신사로 추정된다(P.307의 ㉓번 참조).

（一 其）　（景全九七步）　部一ノ街市ト營兵山龍

▲ 보병 제79연대
　남산 방향에서 한강 방향을 보고 촬영한 사진이다. 사진 왼쪽 윗 부분의 나무들이 우거진 곳이 둔지산 자락이다.

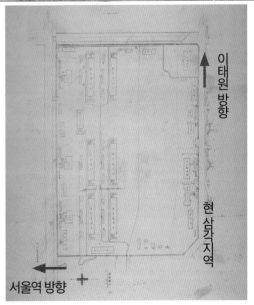

이태원 방향

현 삼각지역

서울역 방향

보병 제79연대 배치도 ▶

▲ 보병 제79연대

현 전쟁기념관 자리이며 왼쪽 병사 위의 봉우리는 남산이다. 연병장 너머 멀리 보이는 언덕에 이태원의 주택들이 보인다.

▲ 보병 제79연대 장교집회소 정면도

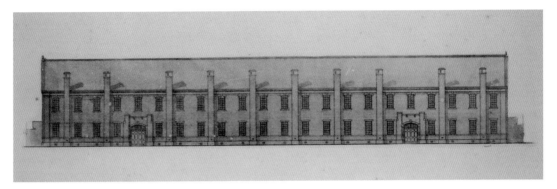

▲ 보병 제79연대 병사 정면도

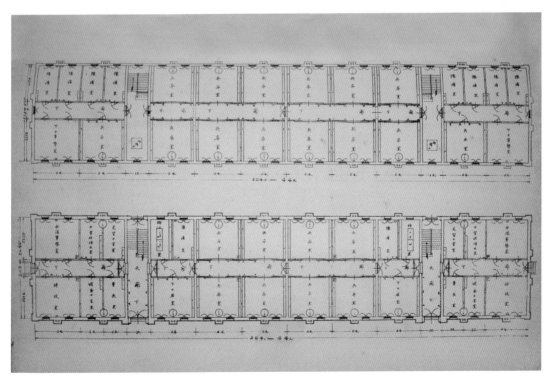

▲ 보병 제79연대 병사 평면도

隊聯九十七第兵步山龍鮮朝

▲ 보병 제79연대 정문
　정문 너머 보병숙소(막사)는 오늘날에도 남아있고, 2018년까지 주한미군 재정사무실로 사용되었다.

THE FULL VIEW OF THE 79 TH. REGIMENT OF INFANTRY, KEIJO.
景全の隊聯九十七第兵步（城 京）

▲ 보병 제79연대 정문

▲ 보병 79연대 정문

▲ 어느 겨울 보병 제79연대에서 개최된 행사 광경

朝鮮龍山步兵第七十九聯隊之兵舍

▲ 보병 제79연대 숙사

THE WHOLE VIEW OF THE 78 TH. AND
79 TH. REGIMENT OF INFANTRY, KEIJO.

（京　城）　步兵第七十八聯隊及第七十九聯隊兵舍全景

▲ 이태원 방향에서 본 보병 제78연대 및 제79연대 숙사

보병 제79연대 숙사는 1920년에 완공되었다. 그 이전에는 포병중대가 주차(주둔)하였다. 현재는 전쟁기념관이 그 자리에 들어섰다. 사진 좌측의 도로가 오늘날 녹사평에서 삼각지를 연결하고 있는 길이다.

▲ 보병 제79연대
  현 국방부에서 남산방향을 바라보고 촬영한 것으로 이곳은 현재 전쟁기념관이 들어서 있다. 사진 왼쪽 상단에
  북악산이 희미하게 보이고, 오른쪽에 남산이 있다.

（橋ノ條五慶辨ノ前舍兵）　祭旗軍隊聯九十七第兵歩山龍島、朝日八十月四年十正大

▲ 보병 제79연대 군기제(병사 앞 오조교, 1921.04.18)

（營內寶船ノ造物）　祭旗軍隊聯九十七第兵步山龍鮮朝日八十月四年十正大

▲ 보병 제79연대 군기제(영내 보물선 제작, 1921.04.18)

（物 造 ノ 機 行 飛）　　祭旗軍隊聯九十七第兵歩山龍鮮朝日八十月四年十正大

▲ 보병 제79연대 군기제(비행기 모형, 1921.04.18)

（餘興ノ軍氣ノ角力）　祭旗軍隊聯九十七第兵步山龍鮮朝日八十月四年十正大

▲ 보병 제79연대 군기제(여흥 군인 힘겨루기, 1921.04.18)

（餘興　銃劍術）　祭旗軍隊聯九十七第兵步山龍鮮朝 日八十月四年十正大

▲ 보병 제79연대 군기제(여흥 총검술, 1921.04.18)

(二 / 其 式列分日常)　祭旗軍隊聯九十七第兵步山龍町朝日八十月四年十正大

▲ 보병 제79연대 군기제 때의 분열식(1921.04.18)

<매일신보>, 1921년 4월 19일자 기사에는 당시 군기제를 잘 묘사하고 있다.

"용산 연대 군기제 십팔일 아침부터 엄숙히 거행되다" - 지난 18일 오전 10시 반부터 용산연대의 군기제가 거행되었는 바 대정(大庭) 군사령관, 정법사(淨法寺) 사단장, 오전(奧田) 여단장, 전전(前田) 헌병사령관, 공등(工藤) 경기도지사 이하 내빈 약 50여명이 참석하얏스며 먼저 제 79연대 의식이 동(同) 영정에서 정숙한 가운데 엄숙히 거행되엇는 바...(중략)...금년에는 특히 연대를 개방하야 일반에게 관광을 허하얏는 바 수백의 관광자는 영내 영외에 편만하얏스며 내빈일동은 오후 두시에 다시 79연대의 연회에 열석하야 오후 5시까지 우숨과 즐김의 소리는 자못 일대 성황을 일우엇스며 더욱 동회 총금술·씨름·안래절 등의 재미시러운 여흥이 만엇더라

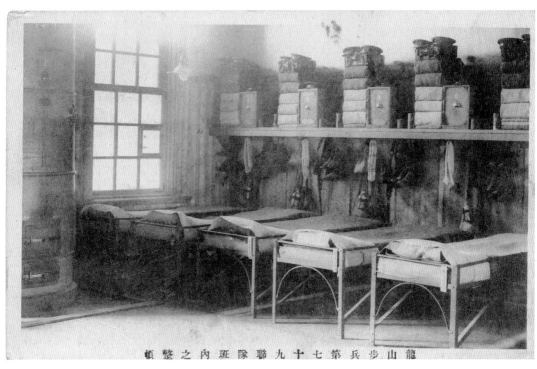

龍 山 步 兵 第 七 十 九 聯 隊 內 之 整 頓

▲ 보병 제79연대 내무반

▲ 보병 제79연대 정문과 군기

步兵第七十九聯隊軍旗祭の實況

步兵第七十九聯隊入隊式

【步兵第七十九聯隊】

▲ 보병 제79연대 군기제 및 입대식

〔軍 旗〕　　朝鮮龍山步兵第七十九聯隊

▲ 보병 제79연대 군기

（兵營ノ一部）　　朝鮮龍山步兵第七十九聯隊

▲ 보병 제79연대 병영

(部一ノ營兵ルタ見リヨ面斜）　隊聯九十七第兵步山龍鮮朝

▲ 보병 제79연대 병영의 일부

（内班ノ後習演）　　　隊聯九十七第兵歩山龍鮮朝

▲ 보병 제79연대(연습후 내무반 내부)

156

（呼　點　員　人）　　　隊聯九十七第兵步山龍鮮朝

▲ 보병 제79연대(인원점호)

（風紀衛兵所）　　朝鮮龍山步兵第七十九聯隊

▲ 보병 제79연대(풍기위병소)

（下 士 室）　　　　　朝鮮龍山步兵第七十九聯隊

▲ 보병 제79연대(하사실)

159

況實の擊射機行飛銃圓機

況實の擊射砲兵步射曲

【隊聯九十七第兵步】

▲ 기관총으로 비행기를 사격하는 훈련과 곡사보병포(박격포) 사격 훈련(보병 제79연대)

160

龍山射擊場全景

況實線射るけ於に場擊射

【隊聯九十七第兵步】

▲ 용산병영 사격장에서 보병 제79연대의 사격훈련

사격장은 1907년 조성되어 1960년대 초까지 미군 소총사격장으로 사용되었다. 현재는 녹사평역에서 남산 제2, 3호 터널로 가는 도로(녹사평대로)와 아파트 단지로 바뀌었다.

況實の過通木梁

代交の兵衞紀風

【隊聯九十七第兵步】

▲ 보병 제79연대의 풍기위병 근무 교대와 목조 장애물 통과 훈련

庭前保酒

部內保酒

【隊聯九十七第兵步】

▲ 보병 제79연대 매점(酒保) 앞 정원과 매점 내부

▲ 보병 제79연대 연병장에서 경기관총 사격 예행 연습 및 총검술 시합

況實の塲洗械機

況實の塲浴入內隊

【隊聯九十七第兵步】

▲ 보병 제79연대 기계 세탁장과 목욕탕

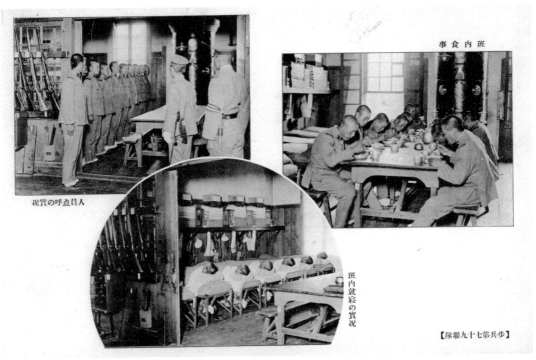

班内食事

況實の呼点員人

班內就寢の實況

【隊聯九十七第兵步】

▲ 보병 제79연대 인원 점호(좌)와 내무반 내 식사(우) 및 취침(아래)

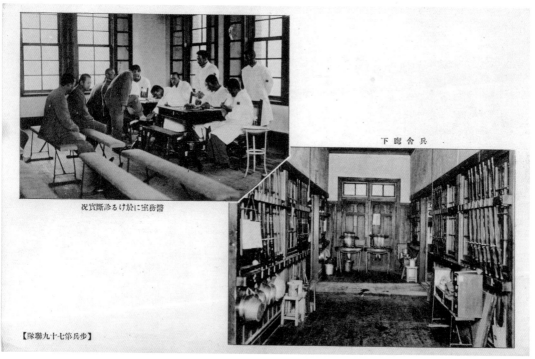

下 廊 舍 兵

況實際診るけ於に室務醫

【隊聯九十七第兵步】

▲ 보병 제79연대 의무실 진료 모습과 숙소를 연결하는 통로(廊下)

▲ 보병 제79연대 취사장에서 식사 수령(위), 취사 작업(아래 왼쪽), 식사 분배(아래 오른쪽)

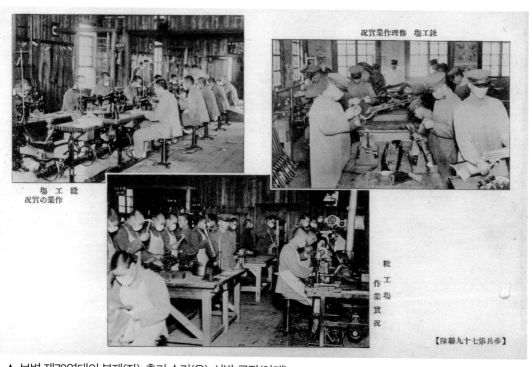

▲ 보병 제79연대의 봉제(좌), 총기 수리(우), 신발 공장(아래)

▲ 보병 제79연대 연병장에서 훈련 모습

▲ 보병 제79연대 병력 집결 모습

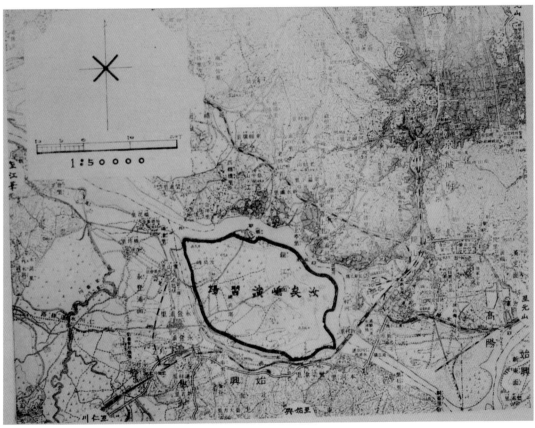

▲ 여의도 연습장 배치도(1923)
여의도 연습장과 함께 여의도 간이 비행장이 1916년 9월 설치되었다.

(陸軍ソーピッスー飛行機)　　　　　朝鮮ニ於ル軍隊生活

▲ 조선에서의 군대 생활
　'육군 Sopwith 비행기'라는 스탬프가 찍혀 있다. 제1차 세계대전 때부터 영국군이 사용하던 폭격기였다.
　여의도 비행장에서 촬영된 것으로 추정된다.

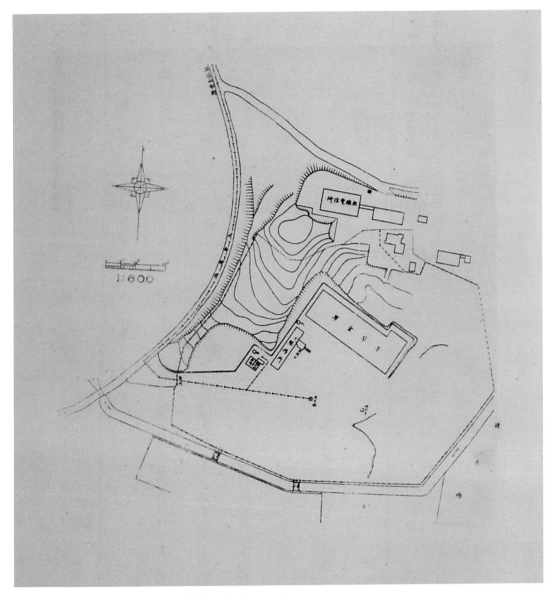

▲ 육군창고 부속 간초창고 및 무선전신소 배치도(1923)
2019년 현재 용산미군기지 13번 게이트 일대다.

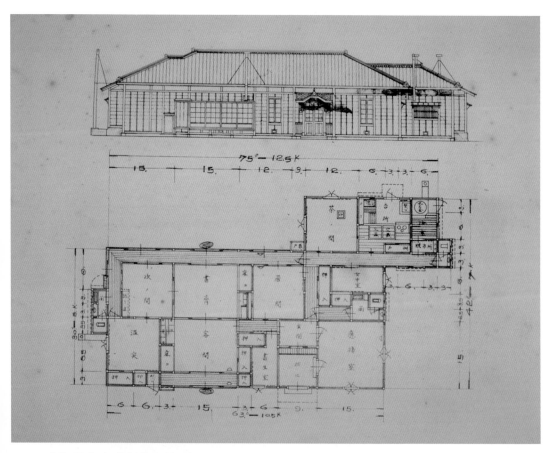

▲ 주임관 1등 숙사 평면 및 정면도(1923)

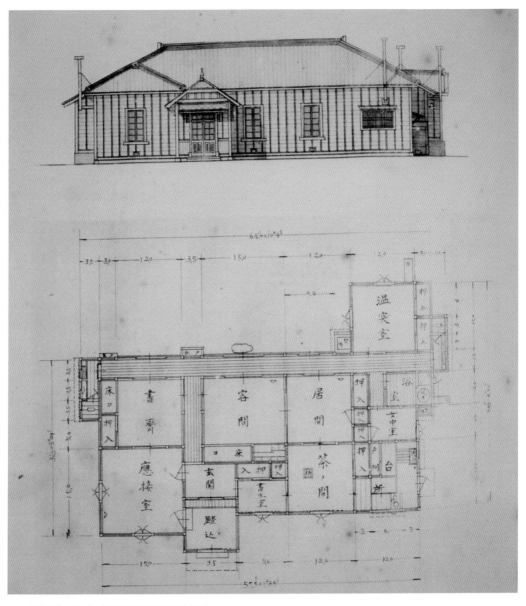

▲ 주임관 2등 숙사 평면 및 정면도(1923)

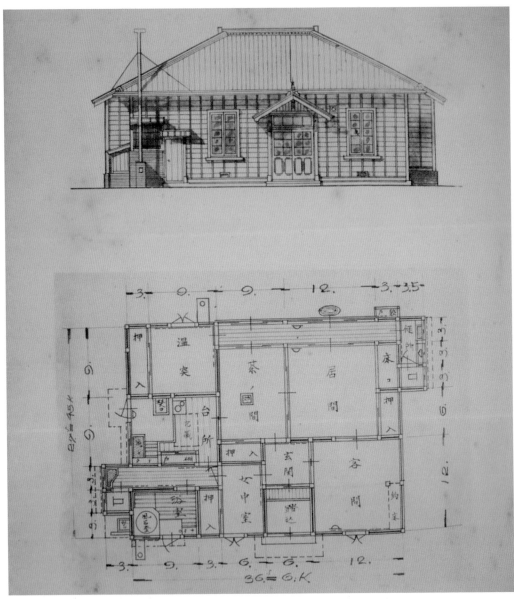

▲ 주임관 4등 숙사 평면 및 정면도(1923)

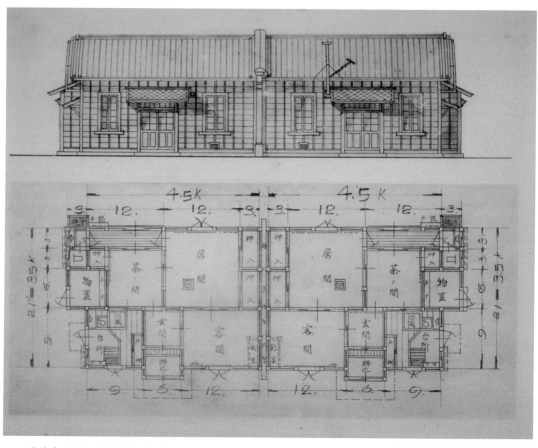

▲ 판임관 1등 숙사 평면 및 정면도(1923)

（安養附近ニ於ケル輕機關銃ノ射擊）　大正十二年第二十師團秋季機動演習

▲ 1923년 제20사단 추계 기동연습(안양 부근에서 경기관총 사격)

（右ハ步七八ノ軍旗）　　式兵觀ルケ於ニ嶋矣攷山龍　習演動機季秋團師十二第年二十正大

▲ 1923년 제20사단 추계 기동연습. 여의도에서 관병식, 오른쪽은 보병 제78연대 군기

（仁川附近ニ於ケル 陣中ノ食事）　大正十二年第二十師團秋季機動演習

▲ 1923년 제20사단 추계 기동연습(인천 부근에서 훈련중 식사)

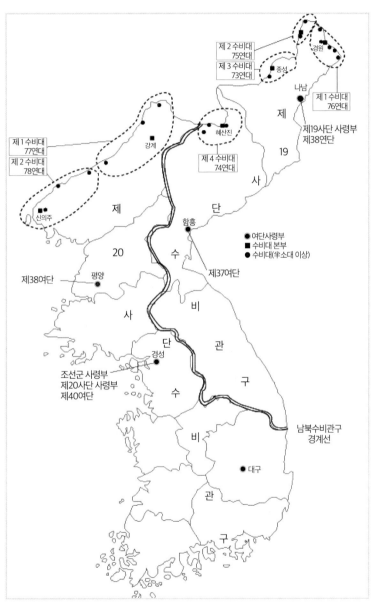

▲ 조선군 배치도(1926.08)

▲ 장작림 폭살 사건 당시 파괴된 열차(1928.06.04)

장작림 폭살사건은 중국혁명을 간섭하고 만주 권익을 지키기 위해 일본 관동군이 주도해 만주 군벌 장작림(張作林, 1875~1928)을 폭살시킨 사건이다. 장작림 폭살에 사용된 화약은 바로 용산공병대에서 반출시켰던 것이다.

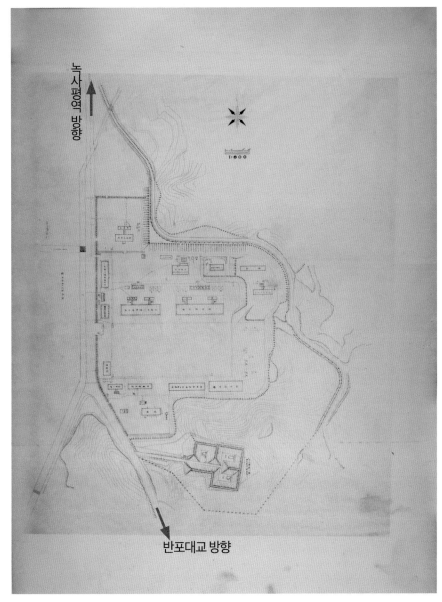

▲ 공병 제20대대 배치도(1923)

　　6·25 전쟁 이후 주한미군 수송대(TMP) 부지로 사용되고 있으며 2019년 현재도 옛 공병
20대대 막사 1동이 그대로 남아있다.

工兵第二十大隊

▲ 공병 제20대대 정문과 병사

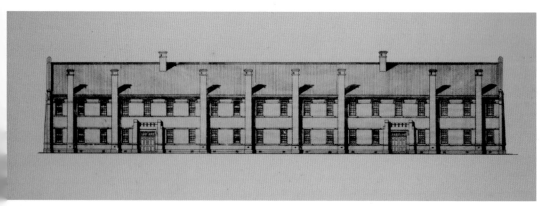

▲ 공병 제20대대 병사 정면도(1923)

▲ 1930년대 용산 공병대의 한강 가교(임시다리) 작업

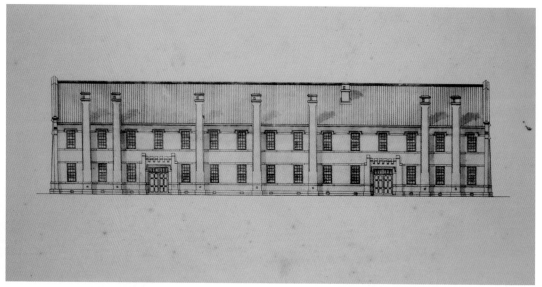

▲ 기병 제28연대 병사 정면도(1923)

▲ 기병 제28연대 숙사와 연병장

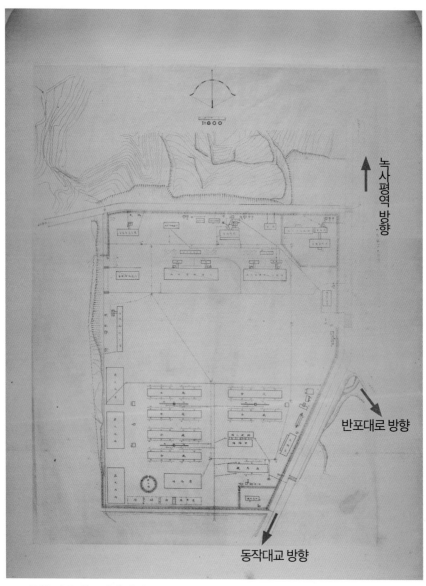

녹사평역 방향

반포대로 방향

동작대교 방향

▲ 용산 기병 제28연대 배치도(1:600)

行發店商友住　山龍　　　景全隊聯八十二第兵騎山龍緋朝

▲ 둔지산 자락에서 한강 방향을 보고 찍은 기병 제28연대
　'용산 스미토모(住友)상점 발행'이란 스탬프가 찍혀 있다.

▲ 기병 제28연대 정문과 행군 출발 중인 일본군 기병
2019년 현재 주한미군 식료품 매장(Commissary)이 들어서 있다.

▲ 기병 제28연대 마구간

▲ 기병 제28연대

▲ 기병 제28연대 행사
뒷편으로 관악산이 보인다.

▲ 기병 제28연대 행사

일본 육군의 꽃으로 불렸던 보병과 더불어 일본군 기병대는 일본 육군의 핵심이었다. 기병대에도 천황의 상징인 군기가 수여되었는데 일본군은 군기 아래서 죽는 것을 명예로 여겼고, 반대로 군기를 잃거나 빼앗기는 것은 최대의 치욕이며 그 경우 연대장은 자살하는 것이 통례였다. 군기는 천황의 분신으로 원칙적으로 재교부되지 않았다.

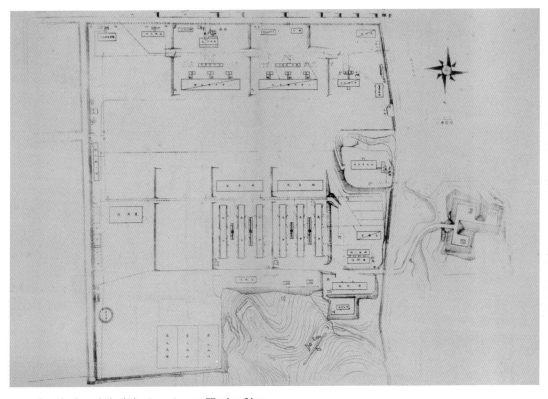

▲ 야포병 제26연대 배치도(1923), P.82쪽 비교 참조

이 곳은 1910년대까지 용산연병장으로 사용되다가 상주사단이 창설되면서 1920년경 용산 제20사단 예하의 야포병 제26연대가 설치되었다.

▲ 항공 촬영한 야포병 제26연대

사진에 '포 26 전경'이라는 글씨가 쓰여 있다. 2019년 현재 주한미군이 사용하는 캠프코이너이고, 주한미국대사관이 들어설 예정이다. 야포병 제26연대는 제1차 용산병영 공사 때 조성된 연병장에 1920년 자리를 잡았다.

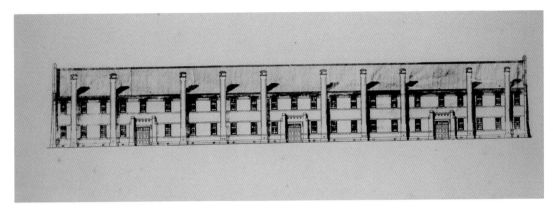

▲ 야포병 제26연대 병사 정면도

龍山野砲兵第二十六聯隊正門

▲ 야포병 제26연대 정문과 숙사
　현재 용산미군기지 캠프코이너 지역의 19번 게이트와 같은 위치다.

▲ 야포병 제26연대 전경

▲ 연병장에서 훈련중인 야포병 제26연대
건물 너머 보이는 희미한 산은 남산이다.

▲ 눈 내린 야포병 제26연대 연병장과 숙소
건물 너머 보이는 구릉은 청파동 일대다.

消燈後の內務班

寒地行軍後の露營

野砲兵第二十六聯隊

▲ 야포병 제26연대의 소등 후 내무반, 추운 지방 행군 후의 야영

▲ 조선 제26부대(마혼비)
　　야포병 제26연대에서 사용하다 죽은 말들을 위령하는 기념비로 비석에
　　는 '애마지비(愛馬之碑)'라고 쓰여 있다.

朝鮮第二十六部隊　　　　　採石場

▲ 조선 제26부대(채석장)

204

▲ 조선 제26부대(토공 작업)

▲ 조선 제26부대(조각 작업, 1941.04)

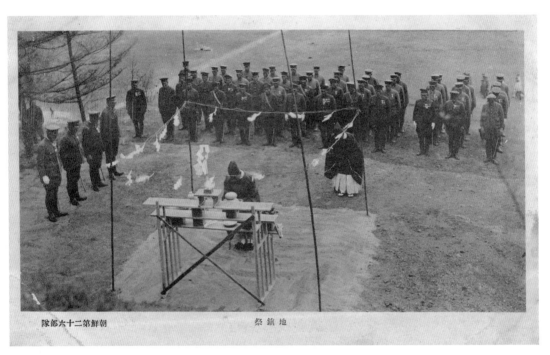

朝鮮第二十六部隊　　　　　　　　地鎭祭

▲ 조선 제26부대(지진제)
　지진제(地鎭祭)는 공사를 할 때에 지신(地神)에게 지내는 제사로 안전을 비는 뜻으로 터를 닦기 전에 지낸다.

▲ 조선 제26부대(제막식)

朝鮮第二十六部隊　　　　　　碑ノ完成

▲ 조선 제26부대(완성된 비)
  비에는 세로로 충혼(忠魂)이라고 쓰여있다.

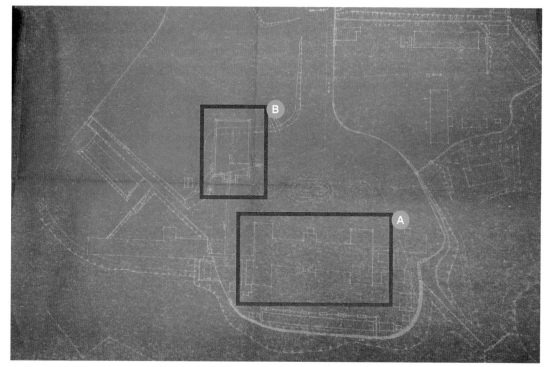

▲ 1940년경 조선군 사령부 제1, 2청사 배치도

2019년 현재 한미연합사령부의 사우스포스트 벙커로 사용중인 제2청사(B). 조선군사령부 제1청사(A)는 한국전쟁 때 파괴되었고 현재 미군관사가 들어서 있다.

▲ 현재도 남아있는 조선군사령부 제2청사
(현 사우스 포스트 벙커)

◀ 구글 지도(2018)
 C 는 오늘날의 아모레퍼시픽 건물이다.

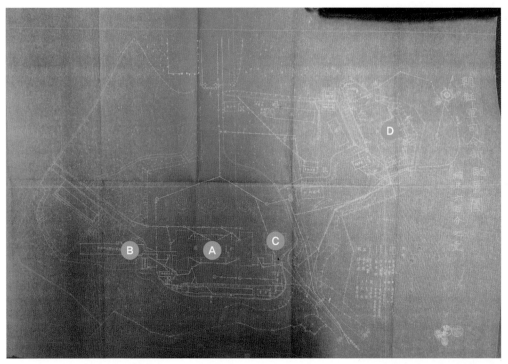

▲ 1941년 조선군 사령부 배치도

조선군사령부 애국부(愛國部)는 만주사변을 기점으로 한반도가 전시체제로 개편하면서 설치된 부서로 주로 국방헌금 모금, 미담집 발간 등을 통해 침략전쟁을 미화하고 식민지 조선인을 침략전쟁에 동원하는 임무를 담당한 부서다.

Ⓐ 조선군 사령부 제1청사   Ⓑ 경영과, 공무과 사무실   Ⓒ 애국부 사무실   Ⓓ 통신소

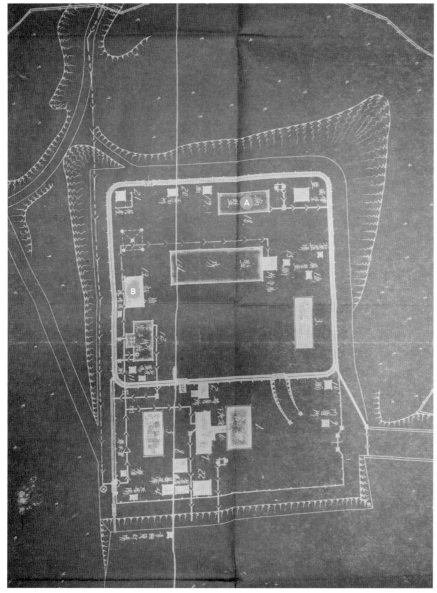

Ⓐ 병감
Ⓑ 포주 및 욕실

▲ 1941년 조선위수형무소 배치도

1940년대에는 '위수감옥'이 아니라 '위수형무소'로 불렸고, 해방 이후에는 '미7사단 군형무소(7TH DIV Stockade)'로 또는 '이태원 육군형무소'로 불렸다. 이곳에는 의병장 강기동, '장군의 아들' 김두한과 김구 암살범 안두희가 한 때 수감되었다. 지금도 남아 있는 A는 병감, B는 포주(炮廚, 취사장) 및 욕실로 사용되었다.

▲ 보병 제78연대 연병장(영화 병정님, 1944)
　오른쪽의 교육중인 병사 너머 흰색 구조물은 만주사변 전병사자 충혼비다.
　영화 병정님은 일제 말기인 1944년 전황의 악화와 병력 부족에 대한 대책의 하나로 조선 청년들을 침략전쟁에 강제
동원하고자 조선군 사령부의 보도부에서 만든 국책영화다. 흥미롭게도 영화의 주 무대는 용산병영 내였다.

▲ 보병 제78연대 연병장(영화 병정님, 1944)
오른쪽 만주사변 전병사자 충혼비 바로 위에 보이는 건물은 '장교 관사'다.

214

▲ 보병 제78연대 연병장과 숙사(영화 병정님, 1944)

▲ 보병 제78연대 연병장(영화 병정님, 1944)

▲ 보병 제78연대 본부 앞에서 도열 중인 병사들(영화 병정님, 1944)

▲ 위문공연(영화 병정님, 1944)
　위문공연 당시 한국인 가수 마금희, 바이올린 연주자 계정식, 무용수 조택원, 일본인 가수 히라마 분주(平間文壽), 그리고 동아시아 수퍼스타였던 리샹란(李香蘭) 등 한중일의 유명 연예인들이 총출동했다.

▲ 보병 연대 정문을 나가는 병사들(영화 병정님, 1944) (P.65의 ❻ 과 동일 위치)

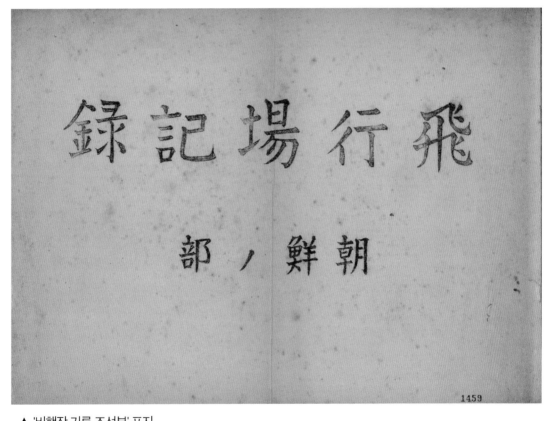

1459

▲ '비행장 기록 조선부' 표지

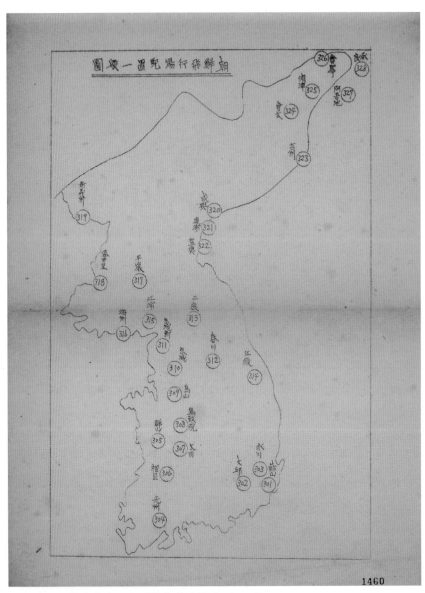

▲ 일본군 패전 당시 조선 비행장 배치 일반도(1945)

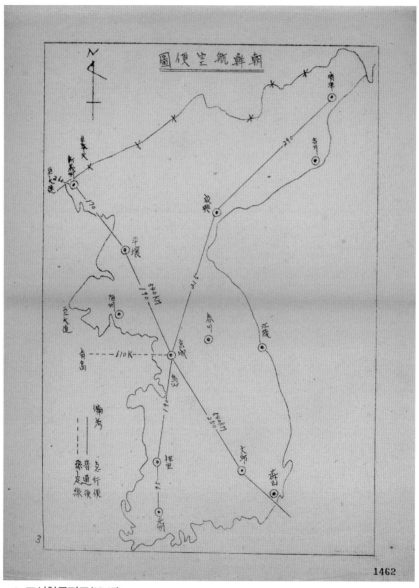

▲ 조선항공편도(1945)

　　일제말기인 1945년 조선의 항공노선을 보여주는 것으로, 경성(서울)을 중심으로 'X'자로
설정해놓았고 중국 청도(靑道)까지의 610KM는 예정선(----)으로 표시해 놓았다.

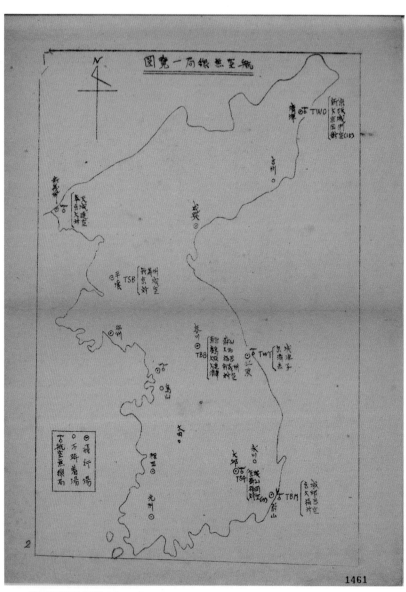

▲ 항공무선국 일람도(1945)

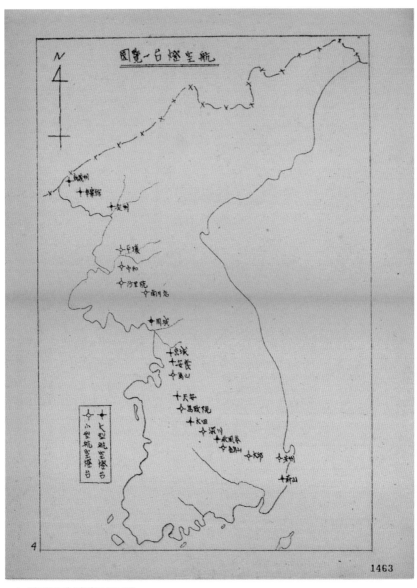

▲ 항공등대 일람도(1945)

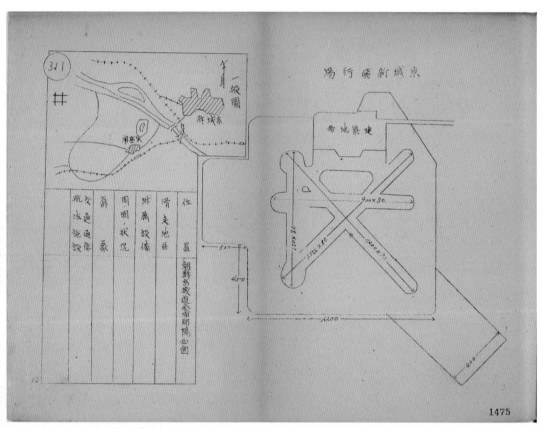

▲ 1945년 경성신비행장 배치도(경기도 김포군 양서면)
　현 김포비행장 일대다.

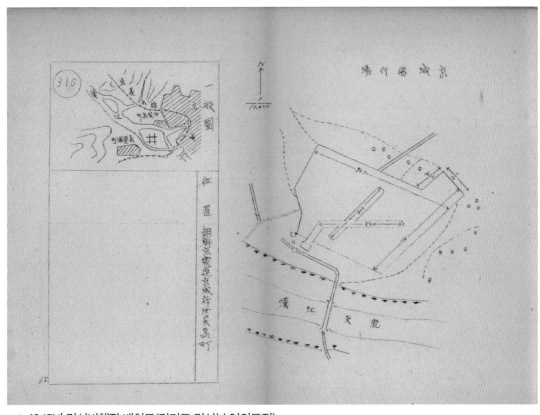

▲ 1945년 경성비행장 배치도(경기도 경성부 여의도정)
   현 여의도 일대다.

▲ 해방 직후 미군이 촬영한 여의도비행장(1945.09.04)

　멀리 좌측에 노량진과 우측에 영등포가 보인다. 미군이 서울 진주 직전에 제10항모 비행전대 소속 정찰기들이 일본군 상황을 확인하고자 촬영한 사진이다.

▲ 해방 이후 미군이 촬영한 용산병영(보병 제78, 제79연대, 야포병 제26연대, 1945.09.04)

오른쪽 구릉은 남산. 일제강점기 '용산병영'은 해방 이후 미군에 의해 '캠프 서빙고(Camp Seobinggo)'로 불렸다.
사진의 가운데 상하로 연결된 도로가 후암동으로 통하는 길이며, 원래는 조선시대 옛길로 주한미군은 현재 이 길을
'미8군로(8th Army Drive)'라 부르고 있다.

▲ 해방 이후 미군이 촬영한 용산병영 일부와 청파동, 서울역 일대(1945.09.04)
　야포병 제26연대, 병기지창, 육군창고 일대가 보인다. 사진을 현상할 때부터 검게 표시하여 도시를 볼 수 없게 하였다.

조선사단대항연습
사진첩 속의 용산병영

[조선사단대항연습 사진첩]

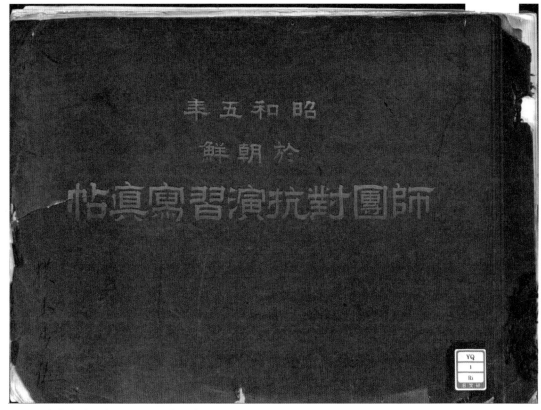

▲ 조선에서 사단대항연습사진첩 표지(1930)

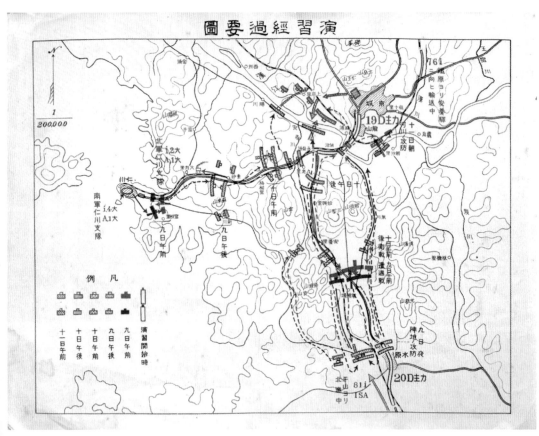

▲ 사단대항연습 경과요도(1930)

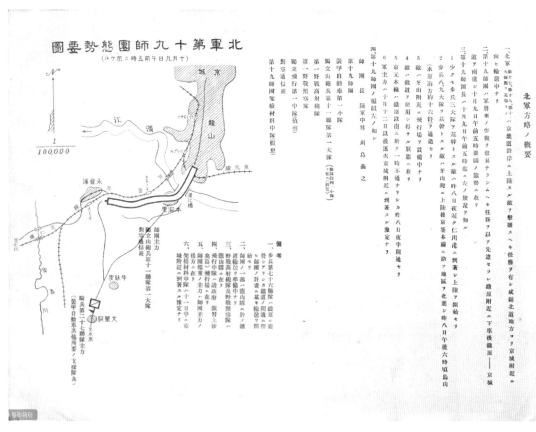

▲ 북군 방략의 개요 및 제19사단 태세 요도

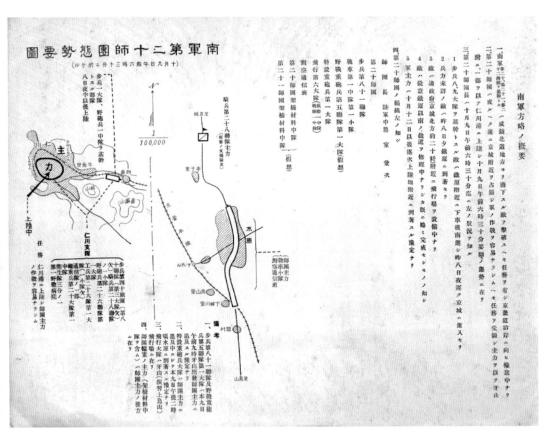

▲ 남군 방략의 개요 및 제20사단 태세 요도

▲ 황족 전하

캡션 제목은 사진첩 제목 그대로다.

- ❶ 川島 19사단장
- ❷ 菱刈 관동군사령관
- ❸ 井上 군사참의관
- ❹ 齋藤 총독
- ❺ 蓮沼 시종무관
- ❻ 南 조선군 사령관
- ❼ 金谷 참모총장
- ❽ 兒玉 정무총감
- ❾ 室 제20사단장
- ❿ 北澤 제19사단부관
- ⓫ 鹿野 경찰부장
- ⓬ 伊東 육군정무차관
- ⓭ 권중현 자작
- ⓮ 윤덕영 자작
- ⓯ 이완용 남작
- ⓰ 민병석 자작
- ⓱ 石川 御附 무관
- ⓲ 伊東 御附 무관
- ⓳ 박영효 후작
- ⓴ 中村 군참모장
- ㉑ 母? 제20사단부관
- ㉒ 原 총독부어용괘
- ㉓ 近藤 비서관
- ㉔ 渡辺 지사
- ㉕ 外山 헌병대사령관
- ㉖ 寺須 총독부어용괘
- ㉗ 山田 군참모
- ㉘ 山縣 비서관
- ㉙ 河? 군부관
- ㉚ 池上 헌병대사령부 부관
- ㉛ 今村 관동군 부관
- ㉜ 河村 군사참의관 부관
- ㉝ 中山 군참모
- ㉞ 小山田 경성헌병대장
- ㉟ ?? 참모본부 부관
- ㊱ 福沢 대위

237

▲ 수원에서 제19사단 사령부

238

▲ 용산 제20사단 사령부

239

本洞里(龍山西南方約四粁)ニ於ケ丿北軍無線電信

十月十日午後二時十分

▲ 본동리(용산 서남방) 북군 무선대(1930.10.10)
본동리는 오늘날 서울특별시 동작구 본동 일대이다.

督總鮮朝並下殿族皇官武從侍ルケ於二部監統外野場浦軍

十　月　九　日

▲ 군포장 야외 통감부 시종무관 황족 전하와 조선총독(1930.10.09)

鳴鶴洞（軍浦場西北方約三粁）附近通過ノ南軍戰車
十月十日午前七時三十分

▲ 군포장 서북방 약 3km 통과 남군 전차(1930.10.10)

隊砲射高軍北 ｽ ｹ 於 ＝ 園公道鐵山龍
時三後午日十月十

▲ 1930년 용산 철도공원에서의 북군 고사포대 훈련(1930.10.10)

除空照戰野ルタ見リヨ(粁二約方北浦登永)里津楊

十月十一日午前五時五十分

▲ 양진리(영등포 북방 약 2km)에서 본 야전조공대(1930.10.11)
양진리는 오늘날 서울특별시 영등포구 당산동 일대이다.

▲ 용산병영의 해행사 및 사단대항연습 통감부(1930)
　해행사는 일본 육군 단체의 모임이자 공간을 가리킨다. 독자적으로 잡지도 발행했다.

講　評　其二　（於龍山鐵道公園）

（於龍山鐵道公園）　一其　評　講
十　月　十　一　日

▲ 사단대항연습 당시 용산 철도공원에서의 강평(1930.10.11)

漢江橋通過ノ步兵第七十三聯隊
十月十日午後一時三十分

▲ 한강 교량을 통과하는 보병 제73연대(1930.10.10)

永登浦西南方一千米ニ於ケル騎兵第二十七聯隊
十月十日午後一時

▲ 영등포 서남쪽에서 행군하는 기병 제27연대(1930.10.10)

楊花里（永登浦北方約三軒）ニ於ケル步兵第七十八聯隊
十月十一日 午前八時二十分

▲ 양화리에서 보병 제78연대(1930.10.11)
　양화리는 오늘날 서울특별시 마포구 합정동 일대이다.

河渡軍南ルケ於ニ流上里井合
分五十二時七前午日一十月十

河渡軍南ルケ於ニ流上里井合
分十二時七前午日一十月十

三其河渡軍南ルケ於ニ流下里井合
分五十時七前午日一十月十

▲ 합정리 상류의 남군 도하(1930.10.11)
　합정리는 오늘날 서울특별시 마포구 합정동 일대이다.

渓江橋通過ノ工兵第十九大隊
十月十日午後三時

▲ 한강교 통과 공병 제19대대(1930.10.10)

조선군 사령부
청사 방향

한강 방향

삼판동(현 후암동) 방향

해행사

기병 연대 방향

▲ 하늘에서 본 용산 연병장 관병식(1930.10.12)
용산연병장은 원래 조선시대 후기부터 둔지미 마을이 있던 곳이었다. 이곳은 한국전쟁 이후 미8군 골프장으로 바뀌었다가 현재는 국립중앙박물관과 용산가족공원이 들어섰다.

景 全

▲ 하늘에서 본 경성 및 용산(1930.10.12)
　사진 중앙에 용산역~서울역 사이의 철길이 보인다. 철길 오른쪽에
　남산과 용산병영이 있다.

龍山鐵道公園ニ於ケル野宴 其二 十月十一日

一其 宴 野 ル ケ 於 ニ 園 公 道 鐵 山 龍
十 月 十 一 日

▲ 용산 철도공원에서의 야외 연회(1930.10.11)

觀兵式ノ場ニ於ヶ鹵簿發下

觀兵式ノ場ニ於ヶ鹵簿發下御着

一 校觀覽者

觀兵式ノ場ニ於ヶ儀仗隊觀閲年合

▲ 관병식장

（一　共）　兵　　　　　　　閱

（二　共）　兵　　　　　　　閱

▲ 열병(1930.10.12)
뒤에 보이는 낮은 산이 둔지산, 희미한 높은 산이 남산이다.

觀 兵 式 塙 全 景

▲ 관병식장 전경

　오른쪽으로 관병식장 뒤쪽에 희미하게 보이는 왼쪽 산이 안산, 오른쪽 산이 인왕산이다. 왼쪽의 송신탑 두개가 있는 곳에 무선전신국이 있었다.

（分　列　步　兵）

▲ 관병식 보병 분열
　도열해 있는 군인 뒤쪽에 보이는 작은 산이 둔지산이다.

(兵　騎) 列　　　　　分

(兵　砲) 列　　　　　分

▲ 분열(기병, 포병)

(隊空照)　列　　　　分

(車戦)　列　　　　分

▲ 분열(조공대, 전차)

262

列 分 中 空

列 分 中 空

(裝甲自動車) 列 分

▲ 공중 분열, 장갑자동차 분열

▲ 1930년 조선 사단대항 대연습 기념 사진엽서 봉투

▲ 1930년 조선 사단대항 대연습 기념 사진엽서 봉투(뒷면)

地　　陣　　砲　　野

▲ 사단대항연습 야포진지(1930.10.12)

裝 甲 自 動 車

▲ 사단대항연습 장갑자동차(1930.10.12)

官判審一第部監統習演大

▲ 사단대항연습 총감부 제1심판관(1930.10.12)

タンクノ進撃

▲ 사단대항연습 탱크 진격(1930.10.12)

부록 2

조선군의 만주침략과
용산부대들

▲ 1930년대 경성부 서남부 시가도 중 용산병영과 용산 일대(1934)

てつもを將大軍海陸初最は督總 。るあで物建な麗美たれまこかに樹緑きさた麗市のもるせ睹俯を邸官府督總鮮朝は圖 **邸官督總な雅淸**
。るあで院楯中は開機閣諸べすを務政の般諸し轄管を鮮朝は督總 はで制現 。たし慶を度制のこ年八正大がたつあで制官督總官武るゆは謂るてあ

▲ 만주사변 발발 직전인 1930년 하늘에서 본 용산총독 관저와 조선군 사령부

龍山第二十師團 朝鮮には陸軍常備師團は第十九師團と京城の第二十師團に配備されてそれ他の旅團名隊ある。龍山の
地は一沙州であつて明治三十七年以来陸軍主要部がたてられた眞がたちまち市街地と化し師團のほか旅團隊など倂殼もされてれぬる。

▲ 만주사변 발발 직전의 제20사단 사령부(1930)

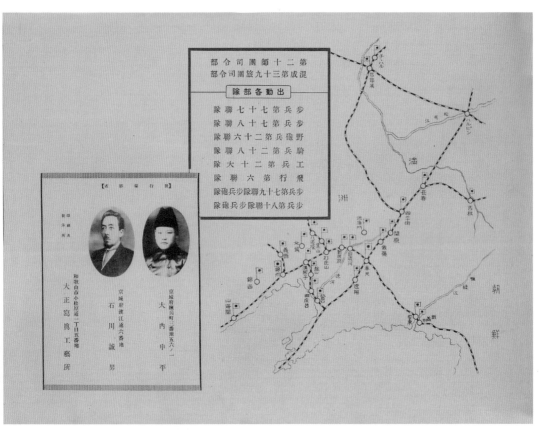

▲ 만주사변 당시 조선군 출동부대 및 요도

만주사변 당시 조선군 출동부대 및 요도
출동 각 부대
제20사단 사령부
혼성 제39여단 사령부
보병 제77연대
보병 제78연대
야포병 제26연대
기병 제28연대
공병 제20대대
비행 제6연대
보병 제79연대 보병포대
보병 제80연대 보병포대

▲ 만주사변 당시 주요 직위자들

사진 중간 줄 왼쪽에서 네 번째가 용산 주둔 조선군 사령관 하야시 센주로(林銑十郎)다. 그리고 그 오른쪽은 혼조 시게루(本庄繁) 관동군사령관.

276

→ 龍山驛頭に於て出動部隊に
朝鮮軍司令官の訓示

▲ 용산역 앞에서 출동부대에 훈시하는 조선군 사령관 하야시 센주로(林銑十郞)

動員令一下勇躍てし歩武堂々營門を出る歩兵第七十八聯隊軍旗

▲ 만주사변 당시 동원령에 따라 보병 연대 정문을 나가는 제78연대 군기수(P.65의 ❻ 과 동일)

景光の躍活の鳩用軍我

精鋭な敵陣地を猛撃の
歩兵第七十八聯隊第一歩兵砲隊

▲ 만주사변 당시 박격포로 적진지에 맹공중인 용산 보병 제78연대 제1보병 포대

砲兵第二十六聯隊第五中隊
の列車積込光景

▲ 만주사변 당시 열차에 야포를 싣는 용산 야포병 제26연대 제5중대

滿洲出動の
野砲第二十六聯隊の砲車積込

▲ 만주사변 당시 열차에 야포를 싣고 있는 야포병 제26연대

龍山騎兵澁谷中隊の雪中行軍 (其一)

龍山騎兵澁谷中隊の雪中行軍 (其二)

▲ 만주사변 당시 봉천(오늘날 심양)에 파견된 용산 기병 중대의 눈 속 행군

隊兵工山龍の中築構地陣て於に山虎大線通打

業作理修橋鐵の隊兵工山龍

▲ 만주사변 당시 작업중인 용산 공병대
　위의 사진은 타통선(打通線)(大虎山~ 通遼)의 출발점인 타호산(打虎山) 인근에서 진지를 구축하고 있는 모습이다.
　아래 사진은 용산 공병대가 철교를 수리중인 모습이다.

奉天驛前廣場にて 步兵第七十八聯隊第五中隊

▲ 봉천역전 광장에 모인 보병 제78연대 제5중대

東大營にて戰利品の支那野戰重砲

▲ 만주사변 당시 동대영 전리품인 중국 야전중포.
   동대영(東大營)은 봉천 교외에 있는 중국군 병영이다

戰利品支那飛行機本天航空隊

▲ 만주사변 당시 전리품인 중국 비행기(봉천항공대)

戰死者の靈を京城驛頭に迎ふ
チ、ハルビ及互流河戰の名譽の

▲ 만주사변 전사자 영령을 경성역 앞에서 맞이하는 장면

席着の表代各の列象

第二十師團主催の戰死者慰靈祭

▲ 제20사단 주최 전사자 위령제

竜 山 屯 営 の 忠 魂 碑

▲ 만주사변 때 사망한 전사자와 병사자를 위령하는 만주사변 전병사자 충혼비
　충혼비는 한국전쟁 직후 '미8군전몰자 기념비(8th Army Memorial)'로 바뀌어 줄곧 사용되다가 지난 2017년 5월 평택의 캠프험프리로 이전되었다.

288

滿洲事變 戰病死者
忠魂碑除幕式
十八日오전十二시반부터
第七八聯隊營庭서

十八일오전十一시반부터 제七
十八린대(聯隊) 영정(營庭)
에서 그간공사중이든만주사변
(滿洲事變)의 전병사자(戰病

死者) 의충혼비(忠魂碑) 가완
성되여 그제막식(除幕式) 겸
위령제(慰靈祭) 를거행할터인
바 당일에는 조선군(朝鮮軍)

대관참모장(大串參謀長) 과산
전부관(山田副官) 도참석할터
이다

▲ 1935년 11월 18일 보병 제78연대 연병장에서 열릴 예정인 만주사변 전병사자
충혼비 제막식 기사(매일신보 1935.11.13)

자료목록

쪽	제목 및 내용	연도	출처	소장처(개인)
제1장	용산병영 공사 이전 (~1906)			
14	19세기 중반 경조오부도(京兆五部圖)	19세기 중반	서울역사박물관	서울역사박물관
16	개항기 일본 외무성에서 작성한 용산 일대 실측도(1884)	1884	일본 외무성 외교사료관	일본 외무성 외교사료관
17	구한말 용산 전경(현 용산구 원효로 2동 일대)	구한말 (舊韓末)	일제시기 사진엽서	김천수, 차상석
18	노량진 일대에서 바라 본 한강철교와 용산 (1900)	1900	서울시립대학교 박물관	서울시립대학교 박물관
19	용산 포구에 하역된 목재	1910년대	서울시립대학교 박물관	서울시립대학교 박물관
20	구한말 용산 포구 일대 석재 운반 모습	구한말 (舊韓末)	서울시립대학교 박물관	서울시립대학교 박물관
22	일본인 거류지를 향해 남대문에 입성하는 일본군	1905	한국사진첩(1905)	
23	서울 남산의 화성대에서 연습하고 있는 일본군 포병대대	1905	1억인의 소화사(1978)	
24	남산 한국주차군 사령부	1905	한국사진첩(1905)	
25	남산의 한국주차군 사령부(좌)와 보병 중대 숙사(우)	1908년 이전	1억인의 소화사(1978)	
26	임시군용철도감부	1905	한국사진첩(1905)	
27	일본군 공병대의 군용 경의철도 공사	1905	한국사진첩(1905)	
28	일본군 철도대대의 경의선 철도 공사	1905	한국사진첩(1905)	
29	용산역(정거장)	일제강점기	일제시기 사진엽서	김천수, 차상석
제2장	제1차 공사(1906~1913)와 용산병영			
32	한국 용산 군용 수용지 명세도의 청사진 (1906)	1906	일본 방위성 방위연구소	남용협 촬영
33	한국 용산 군용 수용지 명세도의 복사본 (1906)	1906	일본방위성 소장 지도를 김천수 재편집	김천수
34	경성 용산시가도(1909)	1909	시간여행 김영준	시간여행 김영준
35	용산병영 지도(1914)	1914	조선주차군 영구병영관아 급 숙사 축경과개요(1914)	국립중앙도서관
36	한국주차군과 헌병대 배치도(1906)	1906	신주백	신주백
37	한국주차군과 헌병대 배치도(1908.02)	1908	신주백	신주백
38	건설 중인 용산병영(1907.09)	1907	출처불명	출처불명
39	건설 중인 용산병영(1907)	1907	황태자전하 한국어도항기념사진첩 (1907)	

쪽	제목 및 내용	연도	출처	소장처(개인)
40	건설 중인 용산병영의 보병부대	1908년 이전	일제시기 사진엽서	김천수, 차상석
41	한국주차군 사령부와 경비를 서고 있는 일본군	1910년 이전	일제시기 사진엽서	시간여행 김영준
41	오쿠보 하루노(大久保春野, 1908. 12~1911. 8) 한국주차군(조선주차군) 사령관(아래 줄 중앙)과 참모들	1908~1911	1억인의 소화사(1978)	
42	용산총독 관저	1911	조선풍경인속사진첩(1911)	서울역사박물관
43	한국주차군사령관 관저 전경(1909년 완공)	1909년 추정	1억인의 소화사(1978)	
44	경성 용산 통감 관저	1910년 이전	일제시기 사진엽서	김천수, 차상석
45	용산병영의 총독 관저 정문과 전경	일제강점기	일제시기 사진엽서	김천수, 차상석
46	용산병영의 구 총독 관저	1911	부산압록강간사진첩(1911)	
47	용산병영의 총독 관저 전경	일제강점기	일제시기 사진엽서	김천수, 차상석
48	총독 관저 서측면 자도(姿圖)(축척 1:1000), 1907년 작성	1907	국가기록원	국가기록원
49	용산병영에 있는 총독 관저를 찾은 조선실업시찰단원 일동의 모습(1912.03.15)	1912	조선실업시찰단(1912)	서울역사박물관
50	용산병영의 총독 관저 전경	일제강점기	일제시기 사진엽서	시간여행 김영준
51	용산병영의 총독 관저 정원 설계도	시기 불명	일제시기 사진엽서	김천수, 차상석
52	한국통감에 부임하는 데라우치 마사다케의 행렬(1910.07.23)	1910	경성부사 제2권(1936)	
53	제1대 조선총독 백작 데라우치 마사다케	일제강점기	출처불명	
54	제6사단 사령부 정문(1908.09 한국 파견 명령 ~ 1910.05)	1908~1910	일제시기 사진엽서	김천수, 차상석
55	제6사단 사령부 보병 연대 정문	1908~1910	일제시기 사진엽서	김천수, 차상석
56	조선주차군 배치도(1911.07)	1911	신주백	신주백
57	제2사단 사령부 전경	1910	한국풍속풍경사진첩(1910)	서울역사박물관
58	제8사단 보병 제31연대 정문	1912~1914	일제시기 사진엽서	시간여행 김영준
59	보병 연대 병영 배치도	1914	조선주차군 영구병영관아 급 숙사 건축경과개요(1914)	국립중앙도서관
60	보병 제78연대 정문	1911년 이전	일제시기 사진엽서	민속원
61	현재 남아있는 보병 제78연대 정문	2017.7.19	김천수	김천수
62	이태원 방향에서 본 보병 부대 숙사(1911)	1911	조선풍경인속사진첩(1911)	서울역사박물관
63	용산 보병 2개 중대 병사 정면 建圖(축척 1:600)	1914	조선주차군 영구병영관아 급 숙사 건축경과개요(1914)	국립중앙도서관

쪽	제목 및 내용	연도	출처	소장처(개인)
64	용산병영 전경	1912년 이전	일제시기 사진엽서	민속원
66	용산병영의 한국주차군 연대본부	1910년 이전	일제시기 사진엽서	김천수
67	지금의 전쟁기념관에서 바라 본 보병 연대 숙사	1910년 이전	일제시기 사진엽서	김천수
68	용산병영의 보병 부대 숙소의 측면	일제강점기	일제시기 사진엽서	김천수
69	용산병영 장교 관사	일제강점기	일제시기 사진엽서	민속원
70	용산병영 장교 관사	1908~1910	일제시기 사진엽서	시간여행 김영준
71	용산병영 장교 관사	일제강점기	일제시기 사진엽서	김천수
72	칸인노미야(閑院宮) 용산 주차군 보병 제35연대 방문	1914~1916	일제시기 사진엽서	시간여행 김영준
73	조선 주차 경성위수병원 정문	1910~1918	일제시기 사진엽서	김천수, 차상석
74	조선 주차 경성위수병원 배치도(1914)	1914	조선주차군 영구병영관아 급 숙사 건축경과개요(1914)	국립중앙도서관
75	조선 주차 경성위수병원 관리실	1910~1918	일제시기 사진엽서	김천수, 차상석
76	조선 주차 경성위수병원의 정원과 환자들	1910~1918	일제시기 사진엽서	김천수, 차상석
77	조선 주차 경성위수병원 환자들	일제강점기	일제시기 사진엽서	김천수, 차상석
78	조선 주차 경성위수병원 환자들	일제강점기	일제시기 사진엽서	김천수, 차상석
79	조선 주차 경성위수병원 내부와 환자들	일제강점기	일제시기 사진엽서	김천수, 차상석
80	영친왕 이은과 이방자가 용산의 군사령관 관저와 육군병원을 방문했다는 기사(동아일보 1938년 4월 24일자)	1938	동아일보(1938.4.24.)	동아일보
81	용산연병장에서 최초의 비행 장면 기사(매일신보 1913년 4월 5일자)	1913	매일신보(1913.4.5.)	매일신보
82	용산병영 연병장 배치도(1914)	1914	조선주차군 영구병영관아 급 숙사 건축경과개요(1914)	국립중앙도서관
83	용산연병장에서 열린 육군기념일 모의전 장면 (1914.03.10)	1914	일제시기 사진엽서	김천수
84	용산병영 야포병중대 배치도(1914)	1914	조선주차군 영구병영관아 급 숙사 건축경과개요(1914)	국립중앙도서관
85	야포병 제9연대 제1중대 (1914.02~1916.04) 정문	1914~1916	일제시기 사진엽서	민속원
86	육군창고 배치도(1914)	1914	조선주차군 영구병영관아 급 숙사 건축경과개요(1914)	국립중앙도서관
87	조선 주차 육군창고	일제강점기	일제시기 사진엽서	김천수, 차상석
87	과거 육군창고였던 캠프킴 USO 전경	2017	김천수	김천수

쪽	제목 및 내용	연도	출처	소장처(개인)
88	용산병영 위수감옥 배치도(1914)	1914	조선주차군 영구병영관아 급 숙사 건축경과개요(1914)	국립중앙도서관
89	위수감옥에 있던 병감(病監)	2013	김천수	김천수
90	기병영 배치도(1914)	1914	조선주차군 영구병영관아 급 숙사 건축경과개요(1914)	국립중앙도서관
91	용산헌병분대 배치도(축척 1:600)	1914	조선주차군 영구병영관아 급 숙사 건축경과개요(1914)	국립중앙도서관
92	육군병기지창 배치도(1914)	1914	조선주차군 영구병영관아 급 숙사 건축경과개요(1914)	국립중앙도서관
93	현재도 남아 있는 병기지창 병기고 건물	2019	김천수	김천수
제3장	제2차 공사(1915~1922)와 용산병영			
96	군기물어와 군기 봉수식	1916	조선사단창설기념호(1916)	국립중앙도서관
99	용산병영의 군사령관 관저, 용산병영의 총독 관저, 남산의 왜성대에 있는 총독 관저, 신축 중인 사단장 관저(1916)	1916	조선사단창설기념호(1916)	국립중앙도서관
100	조선주차군 사령부 청사(1916)	1916	조선사단창설기념호(1916)	국립중앙도서관
101	조선주차군 사령부 청사 평면도	1914	조선주차군 영구병영관아 급 숙사 건축경과개요(1914)	국립중앙도서관
102	조선군 사령부 청사	1918년 이후	일제시기 사진엽서	민속원
103	조선군 사령부 청사	1918년 이후	일제시기 사진엽서	민속원
104	조선군 사령부 청사, 앞 정원	1918년 이후	일제시기 사진엽서	민속원
105	조선군 사령관 관저 정문	1918년 이후	일제시기 사진	김천수, 차상석
106	조선군 사령관 관저	1924	일제시기 사진엽서	김천수
107	조선군 사령관 관저 측면	1918년 이후	일제시기 사진엽서	김천수, 차상석
108	제19사단 사령부 개청 당일 축하식 (1916.05.01)	1916	조선사단창설기념호(1916)	국립중앙도서관
109	제19사단 사령부 정문(1916~1919)	1916~1919	일제시기 사진엽서	김천수, 차상석
110	용산병영 조감도(1916)	1916	조선사단창설기념호(1916)	국립중앙도서관
111	야포병 제25연대 6중대, 보병 제78연대, 기병 제27연대 3중대, 경성위수병원의 정문	1916	조선사단창설기념호(1916)	국립중앙도서관
112	1916년 용산병영에서 개최된 일본군 군기 수여식(1916.05.01)	1916	조선사단창설기념호(1916)	국립중앙도서관
113	제19사단 보병 제78연대 군기 수여식 (1916.05.01)	1916	조선사단창설기념호(1916)	국립중앙도서관
114	1916년 보병 제78연대 제1회 군기제 기념 행사(연대장의 칙어 봉독)	1916	일제시기 사진엽서	김천수

쪽	제목 및 내용	연도	출처	소장처(개인)
115	1916년 보병 제78연대 군기제 기념 행사(분열식)	1916	일제시기 사진엽서	시간여행 김영준
116	용산연병장에서 열린 관병식(1917)	1917	일제시기 사진엽서	김천수
116	용산연병장의 관병식 기사(매일신보 1917년 1월 9일자)	1917	매일신보(1917.1.9.)	매일신보
117	조선총독부 시정 7주년 기념 포스터(1917)	1917	일제시기 사진엽서	시간여행 김영준
118	조선군 수비 배치도(1919.03)	1919	신주백	신주백
119	3.1운동 탄압 당시 조선군 분산 배치도(1919.04)	1919	신주백	신주백
120	3.1운동 탄압 이후 조선군 수비 배치도(1921.07)	1921	신주백	신주백
121	조선헌병대 배치도 및 관할 구역(1923.04)	1923	신주백	신주백
122	용산 사단장 숙사 평면도	1923	조선사단영사건축사(1923)	히토츠바시대학
123	한때 일본군 사단장 관저였던 주한미군 하텔하우스 식당	2017	김천수	김천수
124	보병 제40여단 사령부 평면도	1923	조선사단영사건축사(1923)	히토츠바시대학
125	보병 제40여단 사령부 정면	일제강점기	일제시기 사진	김천수, 차상석
126	보병 제40여단장 관저 정면도	1923	조선사단영사건축사(1923)	히토츠바시대학
127	보병 제40여단장 관저 평면도	1923	조선사단영사건축사(1923)	히토츠바시대학
128	탑동공원의 춘광과 신성한 음악당(매일신보 1916년 3월 17일자)	1916	매일신보(1916.3.17.)	매일신보
129	탑골공원으로 옮겨간 용산 군사령부 음악당(원각사지 10층 석탑 오른쪽)	1916년 이후	일제시기 사진엽서	김천수, 차상석
130	한강 대홍수 때 용산공병대 활동(1920.07.09)	1920	일제시기 사진엽서	김천수, 차상석
131	을축년 대홍수 때 침수된 용산전화국과 용산공병대 활동(1925)	1925	대경성 용산대홍수 참상 사진첩(1925)	국립중앙도서관
131	을축년 대홍수 때 물에 잠긴 삼각지(1925)	1925	서울시립대학교 박물관	서울시립대학교 박물관
132	육군신사(1920.11.28)	1920	재등실기념관(斎藤実記念館) 소장 조선관계사진	국사편찬위원회
133	보병 제79연대	1920년 이후	일제시기 사진엽서	김천수, 차상석
134	보병 제79연대 배치도	1923	조선사단영사건축사(1923)	히토츠바시대학
135	보병 제79연대	1920년 이후	일제시기 사진엽서	시간여행 김영준
135	보병 제79연대 장교집회소 정면도	1923	조선사단영사건축사(1923)	히토츠바시대학

쪽	제목 및 내용	연도	출처	소장처(개인)
136	보병 제79연대 병사 정면도	1923	조선사단영사건축사(1923)	히토츠바시대학
136	보병 제79연대 병사 평면도	1923	조선사단영사건축사(1923)	히토츠바시대학
137	보병 제79연대 정문	1920년 이후	일제시기 사진엽서	민속원
138	보병 제79연대 정문	1920년 이후	일제시기 사진엽서	김천수, 차상석
139	보병 79연대 정문	1920년 이후	일제시기 사진엽서	김천수, 차상석
140	보병 제79연대에서 개최된 행사 광경	1920년 이후	일제시기 사진엽서	김천수
141	보병 제79연대 숙사	1920년 이후	일제시기 사진엽서	김천수
142	이태원 방향에서 본 보병 제78연대 및 제79연대 숙사	1920년 이후	일제시기 사진엽서	김천수
143	보병 제79연대	1920년 이후	일제시기 사진엽서	김천수
144	보병 제79연대 군기제(병사 앞 오조교, 1921.04.18)	1921	일제시기 사진엽서	시간여행 김영준
145	보병 제79연대 군기제(영내 보물선 제작, 1921.04.18)	1921	일제시기 사진엽서	시간여행 김영준
146	보병 제79연대 군기제(비행기 모형, 1921.04.18)	1921	일제시기 사진엽서	시간여행 김영준
147	보병 제79연대 군기제(여흥 군인 힘겨루기, 1921.04.18)	1921	일제시기 사진엽서	시간여행 김영준
148	보병 제79연대 군기제(여흥 총검술, 1921.04.18)	1921	일제시기 사진엽서	시간여행 김영준
149	보병 제79연대 군기제 때의 분열식 (1921.04.18)	1921	일제시기 사진엽서	시간여행 김영준
150	보병 제79연대 내무반	1920년 이후	일제시기 사진엽서	시간여행 김영준
151	보병 제79연대 정문	1920년 이후	일제시기 사진엽서	시간여행 김영준
152	보병 제79연대 군기제 및 입대식	1920년 이후	일제시기 사진엽서	시간여행 김영준
153	보병 제79연대 군기	1920년 이후	일제시기 사진엽서	김천수, 차상석
154	보병 제79연대 병영	1920년 이후	일제시기 사진엽서	김천수, 차상석
155	보병 제79연대(비스듬하게 본 병영의 일부)	1920년 이후	일제시기 사진엽서	김천수, 차상석
156	보병 제79연대(연습후 내무반 내부)	1920년 이후	일제시기 사진엽서	김천수, 차상석
157	보병 제79연대(인원점호)	1920년 이후	일제시기 사진엽서	김천수, 차상석
158	보병 제79연대(풍기위병소)	1920년 이후	일제시기 사진엽서	김천수, 차상석
159	보병 제79연대(하사실)	1920년 이후	일제시기 사진엽서	김천수, 차상석

쪽	제목 및 내용	연도	출처	소장처(개인)
160	기관총으로 비행기를 사격하는 훈련과 곡사보병포(박격포) 사격 훈련(보병 제79연대)	1920년 이후	일제시기 사진엽서	시간여행 김영준
161	용산병영 사격장에서 보병 제79연대의 사격 훈련	1920년 이후	일제시기 사진엽서	시간여행 김영준
162	보병 제79연대의 풍기위병 근무 교대와 목조 장애물 통과 훈련	1920년 이후	일제시기 사진엽서	시간여행 김영준
163	보병 제79연대 매점(酒保) 앞 정원과 매점 내부	1920년 이후	일제시기 사진엽서	시간여행 김영준
164	보병 제79연대 연병장에서 경기관총 사격 예행 연습 및 총검술 시합	1920년 이후	일제시기 사진엽서	시간여행 김영준
165	보병 제79연대 기계 세탁장과 목욕탕	1920년 이후	일제시기 사진엽서	시간여행 김영준
166	보병 제79연대 인원 점호(좌)와 내무반 내 식사(우) 및 취침(아래)	1920년 이후	일제시기 사진엽서	시간여행 김영준
167	보병 제79연대 의무실 진료 모습과 숙소를 연결하는 통로(廊下)	1920년 이후	일제시기 사진엽서	시간여행 김영준
168	보병 제79연대 취사장에서 식사 수령(위), 취사작업(아래 왼쪽), 식사 분배(아래 오른쪽)	1920년 이후	일제시기 사진엽서	시간여행 김영준
169	보병 제79연대의 봉제(좌), 총기 수리(우), 신발 공장(아래)	1920년 이후	일제시기 사진엽서	시간여행 김영준
170	보병 제79연대 연병장에서 훈련 모습	1920년 이후	일제시기 사진	김천수
171	보병 제79연대 병력 집결 모습	1920년 이후	일제시기 사진	김천수
172	여의도 연습장 배치도(1923)	1920년 이후	조선사단영사건축사(1923)	히토츠바시대학
173	조선에서의 군대 생활	1923	일제시기 사진엽서	시간여행 김영준
174	육군창고 부속 간초창고 및 무선전신소 배치도(1923)	1923	조선사단영사건축사(1923)	히토츠바시대학
175	주임관 1등 숙사 평면 및 정면도(1923)	1923	조선사단영사건축사(1923)	히토츠바시대학
176	주임관 2등 숙사 평면 및 정면도(1923)	1923	조선사단영사건축사(1923)	히토츠바시대학
177	주임관 4등 숙사 평면 및 정면도(1923)	1923	조선사단영사건축사(1923)	히토츠바시대학
178	판임관 1등 숙사 평면 및 정면도(1923)	1923	조선사단영사건축사(1923)	히토츠바시대학
179	1923년 제20사단 추계 기동연습(안양 부근에서 경기관총 사격)	1923	일제시기 사진엽서	김천수, 차상석
180	1923년 제20사단 추계 기동연습. 여의도에서 관병식, 오른쪽은 보병 제78연대 군기	1923	일제시기 사진엽서	김천수, 차상석
181	1923년 제20사단 추계 기동연습(인천 부근에서 훈련중 식사)	1923	일제시기 사진엽서	김천수, 차상석
182	조선군 배치도(1926.08)	1926	신주백	신주백

쪽	제목 및 내용	연도	출처	소장처(개인)
183	장작림 폭살 사건 당시 파괴된 열차 (1928.06.04)	1928	출처불명	출처불명
184	공병 제20대대 배치도(1923)	1923	조선사단영사건축사(1923)	히토츠바시대학
185	공병 제20대대 병사 정면도(1923)	1923	조선사단영사건축사(1923)	히토츠바시대학
185	공병 제20대대 정문과 병사	1920년 이후	일제시기 사진엽서	김천수
186	1930년대 공병 제20연대 한강 가교 작업	1930년대	일제시기 사진	김천수, 차상석
187	용산 기병 제28연대 병사 정면도(1923)	1923	조선사단영사건축사(1923)	히토츠바시대학
188	기병 제28연대 숙사와 연병장	1930년대	일제시기 사진	김천수, 차상석
189	용산 기병 제28연대 배치도(1:600)	1923	조선사단영사건축사(1923)	히토츠바시대학
190	둔지산 자락에서 한강 방향을 보고 찍은 기병 제28연대	1920년 이후	일제시기 사진엽서	김천수, 차상석
191	기병 제28연대 정문과 행군 출발 중인 일본군 기병	1930년대	일제시기 사진	김천수, 차상석
192	기병 제28연대 마구간	1930년대	일제시기 사진	김천수, 차상석
193	기병 제28연대	1930년대	일제시기 사진	김천수, 차상석
194	기병 제28연대 행사	1930년대	일제시기 사진	김천수
195	기병 제28연대 행사	1930년대	일제시기 사진	김천수
196	야포병 제26연대 배치도(1923)	1923	조선사단영사건축사(1923)	히토츠바시대학
197	항공 촬영한 야포병 제26연대	1927년 이후	일제시기 사진엽서	시간여행 김영준
198	야포병 제26연대 병사 정면도	1923	조선사단영사건축사(1923)	히토츠바시대학
198	야포병 제26연대 정문과 숙사	1920년 이후	일제시기 사진엽서	김천수, 차상석
199	야포병 제26연대 전경	1920년 이후	일제시기 사진엽서	김천수, 차상석
200	연병장에서 훈련중인 야포병 제26연대	1920년 이후	일제시기 사진	시간여행 김영준
201	눈 내린 야포병 제26연대 연병장과 숙소	1920년 이후	일제시기 사진	시간여행 김영준
202	야포병 제26연대의 소등 후 내무반, 추운 지방 행군 후의 야영	1920년 이후	일제시기 사진엽서	김천수, 차상석
203	조선 제26부대(마혼비)	1941	일제시기 사진엽서	김천수, 차상석
204	조선 제26부대(채석장)	1941	일제시기 사진엽서	김천수, 차상석
205	조선 제26부대(토공 작업)	1941	일제시기 사진엽서	김천수, 차상석
206	조선 제26부대(조각 작업, 1941.04)	1941	일제시기 사진엽서	김천수, 차상석

쪽	제목 및 내용	연도	출처	소장처(개인)
207	조선 제26부대(지진제)	1941	일제시기 사진엽서	김천수, 차상석
208	조선 제26부대(완성된 비)	1941	일제시기 사진엽서	김천수, 차상석
209	조선 제26부대(제막식)	1941	일제시기 사진엽서	김천수, 차상석
210	1940년경 조선군 사령부 제1, 2청사 배치도	1940	일본 방위성 방위연구소	남용협 촬영(2017년)
210	구글 지도(2018)	2018	구글	구글
210	현재도 남아있는 조선군사령부 제2청사(현 사우스 포스트 벙커)	2017	김천수	김천수
211	1941년 조선군 사령부 배치도	1941	일본 방위성 방위연구소	남용협 촬영(2017년)
212	1941년 조선위수형무소 배치도	1941	일본 방위성 방위연구소	남용협 촬영(2017년)
213	보병 제78연대 연병장(영화 병정님, 1944)	1944	영화 병정님(1944)	한국영상자료원
214	보병 제78연대 연병장(영화 병정님, 1944)	1944	영화 병정님(1944)	한국영상자료원
215	보병 제78연대 연병장과 숙사(영화 병정님, 1944)	1944	영화 병정님(1944)	한국영상자료원
216	보병 제78연대 연병장(영화 병정님, 1944)	1944	영화 병정님(1944)	한국영상자료원
217	보병 제78연대 본부 앞에서 도열 중인 병사들(영화 병정님, 1944)	1944	영화 병정님(1944)	한국영상자료원
218	위문공연(영화 병정님, 1944)	1944	영화 병정님(1944)	한국영상자료원
219	보병 연대 정문을 나가는 병사들(영화 병정님, 1944)	1944	영화 병정님(1944)	한국영상자료원
220	'비행장 기록 조선부 표지	1945	일본 방위성 방위연구소	일본 방위성 방위연구소
221	일본군 패전 당시 조선 비행장 배치 일반도(1945)	1945	일본 방위성 방위연구소	일본 방위성 방위연구소
222	조선항공편도(1945)	1945	일본 방위성 방위연구소	일본 방위성 방위연구소
223	항공무선국 일람도(1945)	1945	일본 방위성 방위연구소	일본 방위성 방위연구소
224	항공등대 일람도(1945)	1945	일본 방위성 방위연구소	일본 방위성 방위연구소
225	1945년 경성신비행장 배치도(경기도 김포군 양서면)	1945	일본 방위성 방위연구소	일본 방위성 방위연구소
226	1945년 경성비행장 배치도(경기도 경성부 여의도정)	1945	일본 방위성 방위연구소	일본 방위성 방위연구소
227	해방 직후 미군이 촬영한 여의도비행장(1945.09.04)	1945	NARA(미국립문서보관청)	신주백, 김천수 스캔(2018년)
228	해방 이후 미군이 촬영한 용산병영(보병 제78, 제79연대, 야포병 제26연대, 1945.09.04.)	1945	NARA(미국립문서보관청)	신주백, 김천수 스캔(2018년)

쪽	제목 및 내용	연도	출처	소장처(개인)
229	해방 이후 미군이 촬영한 용산병영 일부와 청 파동, 서울역 일대(1945.09.04)	1945	NARA(미국립문서보관청)	신주백, 김천수 스캔 (2018년)
부록1	조선사단대항연습 사진첩 속의 용산병영			
232	조선에서 사단대항연습사진첩 표지(1930)	1930	조선사단대항연습사진첩(1930)	신주백
233	사단대항연습 경과요도(1930)	1930	조선사단대항연습사진첩(1930)	신주백
234	북군 방략의 개요 및 제19사단 태세 요도	1930	조선사단대항연습사진첩(1930)	신주백
235	남군 방략의 개요 및 제20사단 태세 요도	1930	조선사단대항연습사진첩(1930)	신주백
237	황족 전하	1930	조선사단대항연습사진첩(1930)	신주백
238	수원에서 제19사단 사령부	1930	조선사단대항연습사진첩(1930)	신주백
239	용산 제20사단 사령부	1930	조선사단대항연습사진첩(1930)	신주백
240	본동리(용산 서남방) 북군 무선대 (1930.10.10)	1930	조선사단대항연습사진첩(1930)	신주백
241	군포장 야외 통감부 시종무관 황족 전하와 조선총독(1930.10.09)	1930	조선사단대항연습사진첩(1930)	신주백
242	군포장 서북방 약 3km 통과 남군 전차 (1930.10.10)	1930	조선사단대항연습사진첩(1930)	신주백
243	1930년 용산 철도공원에서의 북군 고사포대 훈련(1930.10.10)	1930	조선사단대항연습사진첩(1930)	신주백
244	양진리(영등포 북방 약 2km)에서 본 야전조공대(1930.10.11)	1930	조선사단대항연습사진첩(1930)	신주백
245	용산병영의 해행사 및 사단대항연습 통감부 (1930)	1930	조선사단대항연습사진첩(1930)	신주백
246	사단대항연습 당시 용산 철도공원에서의 강평 (1930.10.11)	1930	조선사단대항연습사진첩(1930)	신주백
247	한강 교량을 통과하는 보병 제73연대 (1930.10.10)	1930	조선사단대항연습사진첩(1930)	신주백
248	영등포 서남쪽에서 행군하는 기병 제27연대 (1930.10.10)	1930	조선사단대항연습사진첩(1930)	신주백
249	양화리에서 보병 제78연대(1930.10.11	1930	조선사단대항연습사진첩(1930)	신주백
250	합정리 상류의 남군 도하(1930.10.11)	1930	조선사단대항연습사진첩(1930)	신주백
251	한강교 통과 공병 제19대대(1930.10.10)	1930	조선사단대항연습사진첩(1930)	신주백
252	하늘에서 본 용산연병장 관병식 (1930.10.12)	1930	조선사단대항연습사진첩(1930)	신주백
254	하늘에서 본 경성 및 용산(1930.10.12)	1930	조선사단대항연습사진첩(1930)	신주백
256	용산 철도공원에서의 야외 연회 (1930.10.11)	1930	조선사단대항연습사진첩(1930)	신주백

쪽	제목 및 내용	연도	출처	소장처(개인)
257	관병식장	1930	조선사단대항연습사진첩(1930)	신주백
258	열병(1930.10.12)	1930	조선사단대항연습사진첩(1930)	신주백
259	관병식장 전경	1930	조선사단대항연습사진첩(1930)	신주백
260	관병식 보병 분열	1930	조선사단대항연습사진첩(1930)	신주백
261	분열(기병, 포병)	1930	조선사단대항연습사진첩(1930)	신주백
262	분열(조공대, 전차)	1930	조선사단대항연습사진첩(1930)	신주백
263	공중 분열, 장갑자동차 분열	1930	조선사단대항연습사진첩(1930)	신주백
264	1930년 조선 사단대항 대연습 기념 사진엽서 봉투	1930	일제시기 사진엽서	김천수, 차상석
265	1930년 조선 사단대항 대연습 기념 사진엽서 봉투(뒷면)	1930	일제시기 사진엽서	김천수, 차상석
266	사단대항연습 야포진지(1930.10.12)	1930	일제시기 사진엽서	김천수, 차상석
267	사단대항연습 장갑자동차(1930.10.12)	1930	일제시기 사진엽서	김천수, 차상석
268	사단대항연습 총감부 제1심판관 (1930.10.12)	1930	일제시기 사진엽서	김천수, 차상석
269	사단대항연습 탱크 진격(1930.10.12)	1930	일제시기 사진엽서	김천수, 차상석
부록2	조선군의 만주침략과 용산부대들			
272	1930년대 경성부 서남부 시가도 중 용산병영과 용산 일대(1934)	1934	신주백	신주백
273	만주사변 발발 직전인 1930년 하늘에서 본 용산총독 관저와 조선군 사령부	1930	일본지리풍속대계(1930)	김천수
274	만주사변 발발 직전의 제20사단 사령부 (1930)	1930	일본지리풍속대계(1930)	김천수
275	만주사변 당시 조선군 출동부대 및 요도	1931~1932	1931,32년 만주사변 조선군출동 기념사진첩	나라현립도서관정보관
276	만주사변 당시 주요 직위자들	1931~1932	1931,32년 만주사변 조선군출동 기념사진첩	나라현립도서관정보관
277	용산역 앞에서 출동부대에 훈시하는 조선군 사령관 하야시 센주로(林銑十郎)	1931~1932	만주사변 조선군출동 기념사진첩 (1931)	나라현립도서관정보관
278	만주사변 당시 동원령에 따라 보병 연대 정문을 나가는 제78연대 군기수	1931~1932	만주사변 조선군출동 기념사진첩 (1931)	나라현립도서관정보관
279	만주사변 당시 박격포로 적진지에 맹공중인 용산 보병 제78연대 제1보병 포대	1931~1932	1931,32년 만주사변 조선군출동 기념사진첩	나라현립도서관정보관
280	만주사변 당시 열차에 야포를 싣는 용산 야포병 제26연대 제5중대	1931~1932	만주사변 조선군출동 기념사진첩 (1931)	나라현립도서관정보관

쪽	제목 및 내용	연도	출처	소장처(개인)
281	만주사변 당시 열차에 야포를 싣고 있는 야포병 제26연대	1931~1932	1931,32년 만주사변 조선군출동 기념사진첩	나라현립도서관정보관
282	만주사변 당시 봉천(오늘날 심양)에 파견된 용산 기병 중대의 눈 속 행군	1931~1932	1931,32년 만주사변 조선군출동 기념사진첩	나라현립도서관정보관
283	만주사변 당시 작업중인 용산 공병대	1931~1932	1931,32년 만주사변 조선군출동 기념사진첩	나라현립도서관정보관
284	봉천역전 광장에 모인 보병 제78연대 제5중대	1931~1932	1931,32년 만주사변 조선군출동 기념사진첩	나라현립도서관정보관
285	만주사변 당시 동대영 전리품인 중국 야전중포	1931~1932	1931,32년 만주사변 조선군출동 기념사진첩	나라현립도서관정보관
285	만주사변 당시 전리품인 중국 비행기 (봉천항공대)	1931~1932	1931,32년 만주사변 조선군출동 기념사진첩	나라현립도서관정보관
286	만주사변 전사자 영령을 경성역 앞에서 맞이하는 장면	1931~1932	1931,32년 만주사변 조선군출동 기념사진첩	나라현립도서관정보관
287	제20사단 주최 전사자 위령제	1931~1932	1931,32년 만주사변 조선군출동 기념사진첩	나라현립도서관정보관
288	만주사변 때 사망한 전사자와 병사자를 위령하는 만주사변 전병사자 충혼비	1935년 이후	보병제78연대사(1983)	신주백
289	1935년 11월 18일 보병 제78연대 연병장에서 열릴 예정인 만주사변 전병사자 충혼비 제막식 기사(매일신보 1935.11.13)	1935	매일신보(1935.11.13.)	매일신보
용산병영 전체 지도				
305	최신경성전도(1907)	1907	서울역사박물관	서울역사박물관
306	조선지형도(1915)에 표시한 제1차 용산병영 공사 후 배치도	1915	조선총독부	조선총독부
307	제2차 기지 공사 후 용산병영 배치도(1921)	1921	조선총독부	조선총독부
308	용산병영 배치도(1923)	1923	조선사단영사건축사(1923)	히토츠바시대학
309	미군이 제작한 서울지도 중 용산 일대(1946)	1946	미국텍사스 대학 도서관	미국텍사스 대학 도서관